Marie Marin
01. 2010

LIEU-DIT L'ÉTERNITÉ

Emily Dickinson est née en 1830, à Amherst, une petite communauté puritaine dans l'État du Massachusetts. D'un caractère enjoué, d'un humour dévastateur, elle ne cesse pas d'être amoureuse, de ses professeurs, d'un révérend, d'un juge…, puis se retire progressivement dans son monde intérieur. Elle ne se marie pas et, à quarante ans, refuse de quitter la maison familiale. Évitant le contact avec les étrangers, elle entretient cependant une abondante correspondance. Elle écrit des poèmes depuis son enfance mais seuls sept d'entre eux sont publiés de son vivant. La fin de sa vie est marquée par de nombreux décès dans son entourage, et après sa mort, en 1886, près de deux mille poèmes sont découverts. En 1890, ses amis en publient une première sélection qui connaît un succès immédiat. Elle est considérée aujourd'hui comme l'un des plus grands poètes américains.

Emily Dickinson

LIEU-DIT L'ÉTERNITÉ

Poèmes choisis

POÉSIE

ÉDITION BILINGUE

Traduit de l'anglais (États-Unis)
et présenté par Patrick Reumaux

Points

La première publication de ces traductions
a paru aux éditions Elizabeth Brunet en 1998.

Emily Dickinson a édité de son vivant seulement sept poèmes sur les presque deux mille qu'elle a écrit. Cependant plusieurs centaines d'entre eux ont été édités après sa mort par ses amis, en trois volumes, en 1890, 1891 et 1896. Ces volumes ont été publiés dans l'édition *Poésies d'Emily Dickinson* : une reproduction du fac-similé des volumes originaux publiés en 1890, 1891, et 1896, ainsi que dans une édition de 1924, intitulée *Completed poems* (Little Brown, Boston), avec une introduction de Martha Dickinson Bianchi. La traduction de Patrick Reumaux tient compte des différentes variantes des rééditions successives au fil du XXe siècle aux États-Unis, qui ont intégré de nombreuses relectures des manuscrits originaux. Les poèmes en version originale présents dans ce volume de la collection « Points Poésie » reproduisent ceux des éditions de 1890-1891 et 1924 des *Poésies d'Emily Dickinson.* Il peut donc parfois y avoir de légers décalages (notamment de ponctuation, de coupes, d'usage des majuscules, etc.) entre la version originale proposée et la traduction française en regard.

TEXTE INTÉGRAL

ISBN 978-2-7578-0566-4

PRÉFACE

De la vie d'Emily Dickinson, qui naquit à Amherst, en Nouvelle-Angleterre, le 10 décembre 1830, il n'y a rien à dire, sinon qu'elle s'habillait en blanc, faisait le pain pour la maisonnée (les Dickinson sont cinq : outre ses parents, Emily a un frère, Austin, et une sœur, Lavinia), avait une prédilection pour les rouges-gorges, les criquets, les abeilles.

Enfant (et jeune fille), elle avait un caractère enjoué, un humour que l'on retrouve plus tard, terrible : « Personne d'autre n'est venu, sauf une vieille dame pour voir une maison. Je l'ai envoyée au cimetière pour lui épargner des pas inutiles. » (Lettre aux sœurs Norcross, 7 octobre 1863.)

Les Dickinson sont une famille de juristes, ultrapuritains. Ils forment un clan, ne sont bien qu'ensemble, s'estiment différents des autres (« Les Newman sont très agréables, écrit Emily à son frère, mais ils ne sont pas comme nous. Qu'est-ce qui nous rend si différents des autres ? »), se moquent de leurs voisins. Ils ne lisent rien — ou rien que la Bible. Emily connaît quasi par cœur ce livre terrible. Et Shakespeare, lu plus tard.

Son père lui achète des livres, mais lui demande de ne pas les lire. C'est un personnage comparable au juge de plomb qu'évoque Hawthorne dans *La Maison aux sept pignons*. En mai 1873, il écrit au verso d'une carte : « Par la présente, je me donne à Dieu. » Emily est écrasée par sa stature. La lecture de la Bible finit de corrompre sa confiance en elle. Quand il y a des hôtes au salon, elle se cache : « Dans toute la circonférence de l'Expression, écrit-elle en 1884, ces paroles naïves d'Adam et Ève n'ont jamais été surpassées, "J'avais peur et Me suis cachée." »

La trentaine passée, elle ne sort plus de l'enceinte de la propriété Dickinson, puis ne sort plus de la maison. Elle regarde, de sa fenêtre, le monde : les voisins qui passent dans la rue, le cirque ambulant qui vient une fois l'an, le bétail amené pour les comices agricoles. Le monde est réduit à ce spectacle, à celui des collines, des rouges-gorges qui reviennent au printemps, des abeilles qui butinent, « boucaniers du boucan ».

La guerre de Sécession ? « Un Soldat est venu l'autre jour, écrit-elle à Samuel Bowles, et nous a demandé un Bouquet pour emmener au Front. Je suppose qu'il pensait que nous avions un Aquarium. »

L'élection du Président Cleveland ? « Avant ma prochaine lettre, écrit-elle à Mrs. Holland, nous aurons un nouveau Tsar. Ma Sœur est-elle un patriote ? "George Washington était le Père de son Pays" — "George Qui ?" C'est pour moi la clef de toute Politique. »

En 1864, elle a mal aux yeux, plus tard elle meurt vieille fille. Mais elle n'a pas cessé d'être amoureuse. À seize ans, au séminaire du mont Holyhoke, où on l'envoie poursuivre ses études, elle est amoureuse de tous ses professeurs. À vingt-cinq ans, elle rencontre le révérend Charles Wadsworth, marié et père de famille, qui la fait se pâmer. Apparemment, le révérend mord à l'hameçon, lui rend visite en 1860. Puis vient la séparation, il accepte la charge d'une église à San Francisco. Le vide est comblé par le juge Lord, ami de la famille, veuf, à son tour mordu. Mais le juge trépasse en 1884. Après ? Emily est Emily, depuis longtemps Emily. Elle continue d'écrire aux sœurs Norcross, les petites cousines, sur un ton particulier qui est celui de la minauderie, mais une minauderie qui fait peur : « Ce monde est tout petit, rien que la rougeur du ciel avant que le soleil se lève, aussi tenons-nous par les mains pour qu'au chant des oiseaux aucune de nous ne manque. »

Les poupées Norcross ont un peu cet air de celluloïd que confère l'absence. Emily, dans sa tendresse, joue à les coucher. Mais c'est une tendresse redoutable, et les minauderies donnent froid dans le dos :

> Ce n'était pas la Mort puisque j'étais debout
> Et que tous les morts sont couchés

La mort est la seule chose qui l'intéresse. Cela a commencé tôt, en 1846, à la mort de Sophia Holland qui, comme Emily, a seize ans : « Ensuite le docteur a dit qu'elle devait mourir et m'a permis de la regarder un moment par la porte ouverte. J'ai enlevé mes chaussures et me suis glissée sans bruit dans la chambre maladive. » (Lettre à Abiah Root du 28 mars 1846.)

Depuis un moment, l'orthodoxie de sa foi chancelle : « Je me sens voguer sur le bord d'un terrifiant précipice. » (*Ibid.*) Elle est en même temps voyeur de la mort des autres (de la sienne, par procuration) et critique, ce qui la fait spéculer de façon très particulière. Le point de départ est un constat. Le vocabulaire de Dickinson est ultra-légaliste. La plupart des termes qu'elle affectionne (law-sentence-notice, ou to will-to assign-to ratify) sont liés au vocabulaire des juristes, ou ont un sens juridique dérivé. Elle est, en poésie, un huissier. Elle est l'huissier de la mort, qui constate ce qu'il voit : le corps du défunt (celui du délit) n'est plus un il ou un elle, mais un ça (it).

C'était chaud — d'abord — comme Nous

Le second point est un autre constat. Quand on passe du il/elle au ça, à la différence des rouges-gorges ou des abeilles, qui partent et reviennent, on ne revient pas. Ce constat, explique-t-elle, elle l'a fait tard.

Je voyais des Gens disparaître
Quand j'étais petite
....
Je sais maintenant qu'ils partaient en visite
Et s'installaient ailleurs
Mais le faisaient parce qu'ils mouraient, un Fait
Qu'ignorait la petite.

On ne peut signifier plus clairement qu'il y a une entorse au contrat. Tout le problème est de savoir où. C'est à cela, me semble-t-il, qu'Emily Dickinson passe sa vie.

Elle écrit sa « lettre au monde » — poèmes et prose — l'une des plus prodigieuses qui soient. Le monde lui répond de façon dérisoire : en lui attribuant, en octobre 1856, pour son pain de seigle, le second prix aux comices agricoles d'Amherst, et en lui donnant, en avril 1862, Thomas Wentworth Higginson comme maître.

C'est l'homme de lettres dans toute son horreur, un bellâtre : moustaches longues, idées courtes. Il est partout, dans l'*Atlantic Monthly*, dans le *Scribner's Monthly*, dans le *Woman's Journal*, dans le *Springfield Republican*, dans le *Century Magazine*. Sa préoccupation : la nouveauté, pourvu qu'elle soit à la mode. Il écrit indifféremment sur Emerson et Hawthorne, Lowell et James, Helen Jackson et Withman, Longfellow et Poe. Ne conçoit le vers que régulier, sur un clavecin (archi) tempéré.

Emily, qui commence à écrire des poèmes en 1858, pense qu'ils ont quelque valeur, qu'ils « respirent », mais elle n'en est pas sûre. Ses lectures à cette époque : les préciosités des Browning et l'Apocalypse. Higginson ayant expliqué, dans l'*Atlantic Monthly*, comment il fallait s'y prendre pour être publié *(Letter to a Young Contributor)*, elle ose lui écrire pour lui demander son avis sur ses vers.

Avec la belle assurance d'un mufle, Higginson lui répond qu'ils ne sont pas publiables : le sens est obscur, la métrique boite. Elle accepte son jugement (le bistouri) sans discuter.

Cela ne peut surprendre qui la connaît. Elle expose, en écrivant à Higginson, les clauses d'un contrat : celui qui lie l'élève au maître. Elle n'y fera jamais d'entorse (c'est pour elle impensable) et signera toute sa vie : Votre Élève.

Elle a parfois des doutes, car le bellâtre exagère. Il lui écrit, de Boston, son programme de réjouissances : « Il faut que vous veniez de temps à autre à Boston. Toutes les dames le font. Je me demande s'il serait possible de vous attirer aux réunions qui ont lieu chez

Mrs. Sargent, 13 Chesnut Street, à dix heures le matin, le troisième lundi de chaque mois [...] Lundi prochain, c'est Mr. Emerson qui lira et, à 3 h 1/2, il y a une réunion au club de la Femme, où je ferai une communication sur les déesses grecques [...] J'ai une invitation pour vous : vous n'avez qu'à sonner & entrer. »

Elle est sidérée (« Votre seconde lettre m'a surprise, et pendant un moment — retournée »), mais s'accroche aux textes qu'il a publiés auxquels elle voue (comme élève) une admiration sans faille.

Intrigué par les billets qu'elle lui écrit depuis 1862, il se décide à venir la voir en 1870. La trouve laide, est stupéfait par ce qu'elle lui dit : « Si je lis un livre et qu'il rend mon corps entier si froid qu'aucun feu ne pourra jamais le réchauffer, je sais que c'est de la poésie. Si je ressens physiquement comme si le sommet de ma tête m'était arraché, je sais que c'est de la poésie. Ce sont les deux seules façons que j'aie de le savoir. Y en a-t-il d'autres ? »

Il se dégage d'elle un magnétisme si puissant que même lui le perçoit : « Je n'ai jamais rencontré quelqu'un qui m'ait autant vidé de ma force nerveuse. Sans que je la touche, elle me prenait tout mon influx. »

Plus tard, dans les dîners en ville, il l'appelle sa poétesse « un peu fêlée ». Comme jeu de société, les invités s'amusent à lui écrire, comme elle, des lettres d'après boire qu'ils signent « Votre Élève ». Ce n'est pas un mauvais bougre pourtant. Il ne détruit pas les lettres qu'elle lui a écrites (il n'en revient pas) et après sa mort, s'occupe avec Lavinia de la publication des poèmes. Mais il met la main à la pâte, corrige le rythme, enlève une strophe, métaphorise à son idée. Comme le petit livre a du succès, un autre suit. Après la mort d'Emily (en 1886), Lavinia a trouvé dans une boîte les poèmes qu'elle a gardés, des cahiers cousus au dos, comme l'est le Ciel du Jugement et comme le sont les lèvres (les livres).

Ils montrent, ces poèmes, que ce que l'on appelle poésie est une chose extrêmement rare, et vitale. Quelque chose dont on ne peut se passer pour vivre. Et qui aide à mourir.

En atteste la tombe-chaumière au thé de marbre que l'on peut prendre comme un legs ou une donation au dernier vivant. Mais dans la vie d'Emily, qui s'est si souvent rêvée morte — la seule manière de comprendre — depuis longtemps il n'y avait plus personne.

Patrick Reumaux

LIEU-DIT L'ÉTERNITÉ

18 The gentian weaves her fringes,
The maple's loom is red.
My departing blossoms
Obviate parade.

A brief, but patient illness,
An hour to prepare;
And one, below this morning,
Is where the angels are.

It was a short procession, —
The bobolink was there,
An aged bee addressed us,
And then we knelt in prayer.

We trust that she was willing, —
We ask that we may be.
Summer, sister, seraph,
Let us go with thee!

In the name of the bee
And of the butterfly
And of the breeze, amen!

18 La Gentiane file ses franges —
Le rouet de l'Érable est rouge —
Mes fleurs sur le départ
Ne font pas les fières.

Un mal patient, mais bref —
Une heure pour se préparer,
Et l'une ce matin ici-bas
Est là où sont les anges —
La procession a été courte,
Le Babillard était là —
Une vénérable Abeille nous a fait un sermon —
Puis nous nous sommes mis à genoux —
Nous espérons qu'elle était consentante —
Et demandons à pouvoir l'être.
Saison — Sœur — Séraphine !
Laisse-nous partir avec toi !

Au nom de l'Abeille —
Et du Papillon —
Et de la Brise — Amen !

There's something quieter than sleep
    Within this inner room !
It wears a sprig upon its breast,
    And will not tell its name.

Some touch it and some kiss it,
    Some chafe its idle hand ;
It has a simple gravity
    I do not understand !

I would not weep if I were they,
    How rude in one to sob !
Might scare the quiet fairy
    Back to her native wood !

While simple-hearted neighbors
    Chat of the "early dead",
We, prone to periphrasis,
    Remark that birds have fled !

Il y a quelque chose de plus calme que le sommeil
Dans cette chambre intérieure !
Ça porte un rien sur la poitrine —
Et ça refuse de dire son nom.

Certains le touchent, certains l'embrassent —
Certains réchauffent la main inerte —
Le corps a une gravité simple
Que je ne comprends pas !

Je ne pleurerais pas, à leur place —
Sangloter serait déplacé !
Attention que la fée tranquille
De peur ne regagne son bois !

Pendant que les voisins naïfs
Bavardent du « Mort tout neuf » —
Nous — enclins à la périphrase,
Pointons que les Oiseaux se sont envolés !

49 I never lost as much but twice,
And that was in the sod ;
Twice have I stood a beggar
Before the door of God !

Angels, twice descending,
Reimbursed my store.
Burglar, banker, father,
I am poor once more !

49 Je n’ai tout perdu que deux fois,
Et les pertes furent mises en terre.
Deux fois j’ai été une mendiante
Devant la porte de Dieu !

Les Anges — descendant deux fois
Ont regarni mes rayons —
Voleur ! Banquier — Père !
Je suis pauvre une fois de plus !

I have not told my garden yet,
Lest that should conquer me ;
I have not quite the strength now
To break it to the bee.

I will not name it in the street,
For shops would stare, that I,
So shy, so very ignorant,
Should have the face to die.

The hillsides must not know it,
Where I have rambled so,
Nor tell the loving forests
The day that I shall go,

Nor lisp it at the table,
Nor heedless by the way
Hint that within the riddle
One will walk to-day !

Je ne l'ai pas encore dit à mon jardin —
De peur d'être conquise.
Je n'ai pas encore la force à présent
De l'annoncer à l'Abeille —

Je n'en dirai pas le nom dans la rue
Les boutiques me dévisageraient —
Que quelqu'un aussi timide — aussi ignorant
Ait l'aplomb de mourir.

Les collines ne doivent pas le savoir —
Où j'ai fait tant de randonnées —
Ni dire aux forêts amoureuses
Le jour où je m'en irai —

Ni le chuchoter à table —
Ni par inadvertance, en passant
Suggérer qu'à l'intérieur de l'Énigme
Quelqu'un marchera aujourd'hui —

52 Whether my bark went down at sea,
Whether she met with gales,
Whether to isles enchanted
She bent her docile sails ;

By what mystic mooring
She is held to-day, —
This is the errand of the eye
Out upon the bay.

*

53 Taken from men this morning,
Carried by men to-day,
Met by the gods with banners
Who marshalled her away.

One little maid from playmates,
One little mind from school, —
There must be guests in Eden ;
All the rooms are full.

Far as the east from even,
Dim as the border star, —
Courtiers quaint, in kingdoms,
Our departed are.

52 Si ma barque file sur la mer —
Si elle affronte les rafales —
Si vers les îles enchantées
Elle replie ses voiles dociles —

L'ancrage mystique
Qui la retient ce jour —
Les emplettes de l'œil
Qui balaie la Baie.

*

53 Soustraite aux hommes — ce matin —
Portée à mains d'hommes aujourd'hui —
Croisée par les Dieux en bannières —
Qui l'ont fait rentrer dans les rangs —

Petite âme soustraite à l'école —
Petite joueuse — à ses compagnes —
Il doit y avoir du monde au Ciel —
Toutes les chambres sont pleines —

Aussi loin — que l'Aube du Soir —
Pâles — comme l'étoile frontalière —
Falots courtisans de Royaumes
Tels sont nos morts.

54 If I should die,
And you should live,
And time should gurgle on,
And morn should beam,
And noon should burn,
As it has usual done ;
If birds should build as early,
And bees as bustling go, —
One might depart at option
From enterprise below !
’T is sweet to know that stocks will stand
When we with daisies lie,
That commerce will continue,
And trades as briskly fly.
It makes the parting tranquil
And keeps the soul serene,
That gentlemen so sprightly
Conduct the pleasing scene !

54 Si je devais mourir,
Et que tu doives vivre —
Et le temps continuer de gargouiller —
Et le matin de luire —
Et midi de brûler —
Comme à leur habitude —
Si les Oiseaux devaient nidifier si tôt
Et les Abeilles sans cesse bourdonner —
On pourrait annuler la prime
De l'entreprise du dessous !
Il est doux de savoir que les stocks tiendront
Quand nous serons avec les Pâquerettes —
Que le Commerce se poursuivra —
Et que les Affaires fleuriront —
Cela rend facile la séparation
Et maintient l'âme sereine —
Tandis que ces messieurs sémillants
Conduisent l'agréable cortège !

71 A throe upon the features
A hurry in the breath,
An ecstasy of parting
Denominated "Death," —

An anguish at the mention,
Which, when to patience grown,
I've known permission given
To rejoin its own.

*

89 Some things that fly there be, —
Birds, hours, the bumble-bee :
Of these no elegy.

Some things that stay there be, —
Grief, hills, eternity :
Nor this behooveth me.

There are, that resting, rise.
Can I expound the skies ?
How still the riddle lies !

71 Un masque sur les traits —
Une accélération du souffle —
Une extase de séparation
Appelée la « Mort » —

Une angoisse au récépissé
Quand devenue patiente,
J'ai su qu'était donnée la permission
De rejoindre ça.

*

89 Ici des choses volent —
Oiseaux — Heures — Bourdon —
D'elles pas d'Élégie.

Là des choses demeurent —
Douleur — Collines — Éternité —
Cela ne me regarde pas.

Il y a ce reste, la résurrection.
Puis-je expliquer les cieux ?
Que l'Énigme est muette !

98 One dignity delays for all,
One mitred afternoon.
None can avoid this purple,
None evade this crown.

Coach it insures, and footmen,
Chamber and state and throng ;
Bells, also, in the village,
As we ride grand along.

What dignified attendants,
What service when we pause !
How loyally at parting
Their hundred hats they raise !

How pomp surpassing ermine,
When simple you and I
Present our meek escutcheon,
And claim the rank to die !

98 Une dignité ajourne toutes les autres —
Par un Après-midi mitré —
Nul ne peut éviter cette pourpre —
Ni se soustraire à cette Couronne !

Elle vaut un Attelage, des laquais —
Une chambre, et un état, et une foule —
Des cloches, aussi, au village
Que l'on traverse en grande pompe !

Quelle Escorte au garde-à-vous !
Quel service quand on s'arrête !
Avec quelle loyauté, quand on se sépare
Cent couvre-chefs se soulèvent !

Quelle pompe surpassant l'hermine
Quand simplement Toi, et Moi,
Présentons notre humble écusson
Et nous mettons sur les rangs pour mourir !

To hang our head ostensibly,
And subsequent to find
That such was not the posture
Of our immortal mind,

Affords the sly presumption
That, in so dense a fuzz,
You, too, take cobweb attitudes
Upon a plane of gauze!

*

What inn is this
Where for the night
Peculiar traveller comes?
Who is the landlord?
Where the maids?
Behold, what curious rooms!
No ruddy fires on the hearth,
No brimming tankards flow.
Necromancer, landlord,
Who are these below?

Exposer sa tête — ostensiblement —
Pour découvrir ensuite
Que ce n'était pas la bonne attitude
Pour notre esprit immortel —

Fournit la conclusion subtile
Que dans un flou si dense —
Vous — aussi — prenez l'air d'une Toile d'Araignée
Sur un plan de Gaze !

*

Quelle est cette drôle d'Auberge
Fréquentée la nuit
Par un Voyageur À-Part ?
Qui est l'Aubergiste ?
Où sont les servantes ?
Regarde, quelles chambres curieuses !
Pas de feux rougeoyants dans l'âtre —
Pas de bière débordant des Chopes —
Nécromant ! Aubergiste !
Qui sont-ils, ceux d'en-bas ?

139 Soul, wilt thou toss again ?
By just such a hazard
Hundreds have lost, indeed,
But tens have won an all.

Angels' breathless ballot
Lingers to record thee ;
Imps in eager caucus
Raffle for my soul.

139 Âme, Joueras-tu encore une fois ?
À ce jeu de hasard
Des centaines ont perdu —
Des dizaines gagné un lot —

L'angoissante loterie de l'Ange
Tourne autour de ton numéro —
Des ludions avides de Pouvoir
Prennent un billet pour mon Âme !

146 On such a night, or such a night,
Would anybody care
If such a little figure
Slipped quiet from its chair,

So quiet, oh, how quiet !
That nobody might know
But that the little figure
Rocked softer, to and fro ?

On such a dawn, or such a dawn,
Would anybody sigh
That such a little figure
Too sound asleep did lie

For chanticleer to wake it, —
Or stirring house below,
Or giddy bird in orchard,
Or early task to do ?

There was a little figure plump
For every little knoll,
Busy needles, and spools of thread,
And trudging feet from school.

Playmates, and holidays, and nuts,
And visions vast and small.
Strange that the feet so precious charged
Should reach so small a goal !

46 Par telle ou telle nuit,
Qui trouverait à redire
Si une forme aussi menue
Quittait sa place en silence —

Si doucement — Oh doucement,
Que personne ne saurait rien
Sinon que cette forme menue
Ici et là se balançait —

Par telle ou telle aube —
Qui soupirerait
Si cette forme menue
Dormait d'un si profond sommeil

Qu'elle n'entendrait pas le Coq —
Ou la maison plus bas bouger —
Ou un étourdi d'oiseau au verger —
Ou une tâche matinale à faire ?

Il y avait une petite forme replète
Sur chaque petit tertre —
Des aiguilles occupées, des pelotes de laine —
Et des pas traînants de l'école —

Des compagnons de jeu, des vacances et des noix —
Et des visions petites et grandes —
Étrange que des pieds si précieusement chargés
Atteignent un but si réduit !

153 Dust is the only secret,
Death the only one
You cannot find out all about
In his native town :
Nobody knew his father,
Never was a boy,
Hadn't any playmates
Or early history.
Industrious, laconic,
Punctual, sedate,
Bolder than a Brigand,
Swifter than a Fleet,
Builds like a bird too,
Christ robs the next —
Robin after robin
Smuggled to rest !

153 La poussière est le seul Secret —
La Mort, la Seule
À rester partout introuvable
Dans sa « ville natale ».

Personne n'a connu « son Père » —
N'a jamais été Enfant —
N'a jamais eu de compagnes,
Ni de « Vieilles histoires » —

Laborieuse ! Laconique !
Ponctuelle ! Posée !
Hardie comme un Brigand !
Plus silencieuse qu'une Flotte !

J'oubliais : bâtit comme un Oiseau !
Le Christ vole le Nid —
Rouge-gorge après Rouge-gorge
Passés en fraude au Repos !

Just lost when I was saved !
Just felt the world go by !
Just girt me for the onset with eternity,
When breath blew back,
And on the other side
I heard recede the disappointed tide !

Therefore, as one returned, I feel,
Odd secrets of the line to tell !
Some sailor, skirting foreign shores,
Some pale reporter from the awful doors
Before the seal !

Next time, to stay !
Next time, the things to see
By ear unheard,
Unscrutinized by eye.

Next time, to tarry,
While the ages steal, —
Slow tramp the centuries,
And the cycles wheel.

À peine perdue, j'étais sauvée !
À peine sentir le monde s'en aller !
À peine une sangle pour tenir le choc de l'Éternité,
Quand le souffle est devenu noir,
Et que de l'autre côté
J'entendais refluer le flux dépité !

Donc, comme une Rescapée, je sens,
Sur le trajet d'étranges histoires à conter !
Marin, côtoyant des rives inconnues —
Journaliste pâle des portes terrifiantes
Avant les Scellés !

La prochaine fois : rester !
La prochaine fois, les choses à voir
Inouïes de l'Oreille,
Inscrutées de l'Œil —

M'attarder, la prochaine fois,
Pendant que les Âges se dérobent —
Pendant que les Siècles battent le pavé,
Et que les Cycles tournent !

A wounded deer leaps highest,
I've heard the hunter tell ;
'T is but the ecstasy of death,
And then the brake is still.

The smitten rock that gushes,
The trampled steel that springs :
A cheek is always redder
Just where the hectic stings !

Mirth is the mail of anguish,
In which it cautions arm,
Lest anybody spy the blood
And "You're hurt" exclaim !

Un Daim *blessé* — fait un bond terrible —
À ce que disent les Chasseurs —
L'Extase, celle de la *mort* —
Puis la Fougère ne bouge plus !

Frappé, le Roc jaillit !
L'Acier, *plié*, se détend !
Une Joue est toujours plus rouge
Là où la Fièvre la pique !

Le Rire est la Cotte de l'Angoisse —
Entourée d'un Bras Prudent,
De peur que quelqu'un voie le sang
Et s'écrie « vous aussi, une plaie » !

171 Wait till the majesty of Death
Invests so mean a brow !
Almost a powdered footman
Might dare to touch it now !

Wait till in everlasting robes
This democrat is dressed,
Then prate about "preferment"
And "station" and the rest !

Around this quiet courtier
Obsequious angels wait !
Full royal is his retinue,
Full purple is his state !

A lord might dare to lift the hat
To such a modest clay,
Since that my Lord, "the Lord of lords"
Receives unblushingly !

Attends que la Majesté de la Mort
Touche un si pauvre front !
Un Laquais poudré pourrait presque
Oser le toucher maintenant !

Attends ces Robes Éternelles
Dont ce Démocrate est vêtu,
Puis jase sur la « Promotion » —
Le « Statut » et le reste !

Autour de ce Courtisan discret
Attendent des Anges obséquieux !
Quinte royale est sa Suite !
Quinte pourpre son état !

Un Seigneur, oserait soulever son Chapeau
Devant une si Modeste Argile,
Depuis que mon Seigneur, « le Seigneur des Seigneurs »
Reçoit sans vergogne !

182 If I should n't be alive
When the robins come,
Give the one in red cravat
A memorial crumb.

If I could n't thank you,
Being just asleep,
You will know I'm trying
With my granite lip !

182 Si je ne suis plus vivante
Au retour des Rouges-Gorges,
Donne à l'Étranglé de Rouge,
Une miette au Mémorial.

Si je ne puis te dire merci,
À cause d'un sommeil profond,
Sache au moins que j'essaie
De mes lèvres de Granit !

187 How many times these low feet staggered,
Only the soldered mouth can tell;
Try! can you stir the awful rivet?
Try! can you lift the hasps of steel?

Stroke the cool forehead, hot so often,
Lift, if you can, the listless hair;
Handle the adamantine fingers
Never a thimble more shall wear.

Buzz the dull flies on the chamber window;
Brave shines the sun through the freckled pane;
Fearless the cobweb swings from the ceiling —
Indolent housewife, in daisies lain!

*

193 I shall know why, when time is over,
And I have ceased to wonder why;
Christ will explain each separate anguish
In the fair schoolroom of the sky.

He will tell me what Peter promised,
And I, for wonder at his woe,
I shall forget the drop of anguish
That scalds me now, that scalds me now.

7 Combien de fois ces pas feutrés ont chancelé —
Seule la bouche soudée peut le dire —
Vas-y — essaie de faire bouger le rivet d'épouvante —
Vas-y — essaie de soulever les fermoirs d'acier !

Caresse le front froid — si souvent brûlant —
Soulève — si tu veux — la chevelure indifférente —
Prends les doigts adamantins
Qui — jamais plus — n'enfileront — un autre —
dé —

Bourdonnent les mouches sombres — à la fenêtre de
la chambre —
Vif — brille le soleil par la vitre tavelée —
Sans peur — se balance la toile d'araignée du
plafond —
L'indolente Ménagère — dans les Pâquerettes —
couchée !

*

3 Je saurai pourquoi — à la fin du Temps —
Quand j'aurai cessé de demander pourquoi —
Le Christ expliquera chaque angoisse une à une
Dans la belle école du ciel —

Il me dira ce que « Pierre » a promis —
Et Moi — confondue par sa souffrance —
J'oublierai la goutte d'Angoisse
Qui à présent me brûle — qui à présent me brûle !

194 On this long storm the rainbow rose,
On this late morn the sun ;
The clouds, like listless elephants,
Horizons straggled down.

The birds rose smiling in their nests,
The gales indeed were done ;
Alas ! how heedless were the eyes
On whom the summer shone !

The quiet nonchalance of death
No daybreak can bestir ;
The slow archangel's syllables
Must awaken her.

*

201 Two swimmers wrestled on the spar
Until the morning sun,
When one turned smiling to the land.
O God, the other one !

The stray ships passing spied a face
Upon the waters borne,
With eyes in death still begging raised,
And hands beseeching thrown.

94 Dans cette longue tempête a paru l'Arc-en-Ciel —
Puis ce Matin — le Soleil —
Les nuages — comme de nonchalants Éléphants —
Les horizons — se sont dispersés —

Les Oiseaux, souriants, ont sorti la tête du nid —
Les rafales — vraiment — étaient passées —
Hélas, insouciants étaient les yeux —
Sur lesquels l'été a brillé !

La tranquille nonchalance de la mort —
Qu'aucune Aube — ne peut secouer —
Les lentes — syllabes de l'Archange
Doivent *la* réveiller !

*

01 Deux nageurs se sont accrochés à l'espar —
Jusqu'au soleil du matin —
Quand l'Un — s'est tourné en souriant vers la terre —
Oh Dieu ! L'Autre !

Les bateaux perdus — passant —
Ont repéré un visage —
Porté par les eaux —
Les yeux dans la mort — levés, suppliant toujours —
Et les mains — implorantes — tendues !

216 Safe in their alabaster chambers,
Untouched by morning and untouched by noon,
Lie the meek members of the resurrection,
Rafter of satin, and roof of stone.

Grand go the years in the crescent above them;
Worlds scoop their arcs, and firmaments row,
Diadems drop and Doges surrender,
Soundless as dots on a disk of snow.

En sûreté dans leurs Chambres d'Albâtre —
Intouchés par le Matin —
Intouchés par Midi —
Gisent les humbles ayants droit de la Résurrection —
Chevron de Satin — Toit de Pierre !

Formidables passent les Années — dans le Croissant
— au-dessus d'eux —
Les Mondes creusent leurs Arcs —
Et les Firmaments — rament —
Les Diadèmes — tombent — et les Doges —
capitulent —
Sans bruit comme des points — sur un Disque de
Neige —

219 She sweeps with many-colored brooms,
And leaves the shreds behind ;
Oh, housewife in the evening west,
Come back, and dust the pond !

You dropped a purple ravelling in,
You dropped an amber thread ;
And now you've littered all the East
With duds of emerald !

And still she plies her spotted brooms,
And still the aprons fly,
Till brooms fade softly into stars —
And then I come away.

*

221 It can't be summer, — that got through ;
It's early yet for spring ;
There's that long town of white to cross
Before the blackbirds sing.

It can't be dying, — it's too rouge, —
The dead shall go in white.
So sunset shuts my question down
With clasps of chrysolite.

219 Elle passe des Balais multicolores —
Et laisse les Fils derrière —
Oh Ménagère du Soir —
Reviens épousseter la Mare !

Tu as laissé tomber une Effilure Rouge —
Laissé tomber un fil d'Ambre —
Et maintenant jonché tout l'Est
De Nippes d'Émeraude !

Et toujours elle pousse un Balai tacheté,
Et toujours les Tabliers volent,
Les Balais peu à peu s'effacent dans les étoiles —
Et moi je m'en vais —

*

221 Ce ne peut pas être « l'Été » !
Ça — ce qui est arrivé !
C'est tôt — déjà — pour le « Printemps » !
Il faut, cette longue ville de Blanc — la traverser —
Avant d'entendre les Merles chanter !
Ce ne peut pas être « Mourir » !
C'est trop Rouge —
Les Morts iront en Blanc —
Le Soleil qui se couche fait taire ma question
D'une Manchette de Chrysolithe !

228 Blazing in gold and quenching in purple,
Leaping like leopards to the sky,
Then at the feet of the old horizon
Laying her spotted face, to die;

Stooping as low as the otter's window,
Touching the roof and tinting the barn,
Kissing her bonnet to the meadow, —
And the juggler of day is gone!

228 Étincelant d'Or et passant au Pourpre
Bondissant comme des Léopards vers le Ciel
Puis aux pieds du vieil Horizon
Couchant sa Face tavelée pour mourir
Se baissant jusqu'au Soupirail de la Loutre
Touchant le Toit et teintant la Grange
Saluant du Bonnet le Champ
Le Jongleur du Jour est parti

241 I like a look of agony,
Because I know it's true ;
Men do not sham convulsion,
Nor simulate a throe.

The eyes glaze once, and that is death.
Impossible to feign
The beads upon the forehead
By homely anguish strung.

241 J'aime un regard d'Agonie,
Car je sais qu'il est vrai —
Les hommes ne simulent pas la Convulsion,
Ne miment pas les Affres —

Les Yeux se glacent une fois — et c'est la Mort —
Impossible de feindre
Les Perles sur le Front enfilées
Par l'Angoisse casanière.

245 I held a jewel in my fingers
And went to sleep.
The day was warm, and winds were prosy;
I said: "'T will keep."

I woke and chid my honest fingers, —
The gem was gone;
And now an amethyst remembrance
Is all I own.

Je tenais un Bijou dans mes doigts —
Et m'endormis —
Le jour était chaud, et les vents hâbleurs —
Je me dis « Ça tiendra » —

Au réveil — j'ai grondé mes doigts sans malice,
Plus de Gemme —
À présent, un souvenir d'Améthyste
Est tout ce qui me reste —

266 This is the land the sunset washes,
These are the banks of the Yellow Sea;
Where it rose, or whither it rushes,
These are the western mystery!

Night after night her purple traffic
Strews the landing with opal bales;
Merchantmen poise upon horizons,
Dip, and vanish with fairy sails.

266 Voici — la terre — que le Couchant Lessive —
Voici — les Rivages de la Mer Jaune —
Où est le rose — où il fait irruption —
C'est — le Mystère de l'Ouest !

Nuit après Nuit son trafic pourpre
Jonche le débarcadère de Ballots d'Opale —
Les marchands — se balancent sur les Horizons —
Plongent — et disparaissent avec des voiles fées.

274 The only ghost I ever saw
Was dressed in mechlin, — so ;
He wore no sandal on his foot,
And stepped like flakes of snow.
His gait was soundless, like the bird,
But rapid, like the roe ;
His fashions quaint, mosaic,
Or, haply, mistletoe.

His conversation seldom,
His laughter like the breeze
That dies away in dimples
Among the pensive trees.
Our interview was transient, —
Of me, himself was shy ;
And God forbid I look behind
Since that appalling day !

274 Le seul Fantôme que j'aie jamais vu
Était vêtu de Dentelles — donc —
Il n'avait pas de sandales aux pieds —
Et allait comme flocons de neige —

Son Allure — inaudible, comme l'Oiseau —
Mais rapide — de Chevreuil —
Ses manières, étranges, Hybrides —
Ou peut-être de Gui —

Sa conversation — rare —
Son rire — comme la Brise
Qui s'éteint en Fossettes
Dans les Arbres pensifs —

Notre entretien — éphémère —
Lui, par moi, rendu timide —
Et Dieu m'a interdit de regarder en arrière —
Depuis ce Jour terrible !

280 I felt a funeral in my brain,
And mourners, to and fro,
Kept treading, treading, till it seemed
That sense was breaking through.

And when they all were seated,
A service like a drum
Kept beating, beating, till I thought
My mind was going numb.

And then I heard them lift a box,
And creak across my soul
With those same boots of lead, again.
Then space began to toll

As all the heavens were a bell,
And Being but an ear,
And I and silence some strange race,
Wrecked, solitary, here.

And then a plank in reason, broke,
And I dropped down, and down,
And hit a world, at every plunge,
And finished knowing, then.

280 J'ai senti des Funérailles, dans ma Tête,
Ceux du Cortège de long en large
Marchaient — marchaient — tant que j'ai cru
Que ma Tête cédait sous leurs pas —

Et quand tous ont été assis,
Un Service, comme un Tambour —
A roulé — roulé — tant que j'ai pensé
Que mon Esprit devenait gourd —

Puis je les ai entendus soulever une Caisse
Et crisser à travers mon Âme
Avec ces mêmes Bottes de Plomb, de nouveau,
Puis l'Espace — s'est mis à vibrer,

Comme si les Cieux étaient un Glas,
Et l'Être, une Oreille,
Et moi, et le Silence, deux Oiseaux étranges
Échoués, seuls, ici —

Et puis dans ma Raison une Planche a craqué,
Et je suis tombée bas, de plus en plus bas —
Et j'ai heurté un Monde, à chaque palier,
Et Cessé de savoir — à ce moment-là —

287 A clock stopped — not the mantel's ;
    Geneva's farthest skill
Can't put the puppet bowing
    That just now dangled still.

An awe came on the trinket !
    The figures hunched with pain,
Then quivered out of decimals
    Into degreeless noon.

It will not stir for doctors,
    This pendulum of snow ;
The shopman importunes it,
    While cool, concernless No

Nods from the gilded pointers,
    Nods from the seconds slim,
Decades of arrogance between
    The dial life and him.

287 Une Pendule s'est arrêtée —
Pas la cheminée —
Le plus habile horloger de Genève
Ne peut remonter l'automate —
Qui vient de casser —

Sur le Bibelot, l'épouvante !
Les Chiffres, voûtés de douleur —
Ont tremblé hors des Décimales —
Dans un Midi non Gradué —

Les Docteurs ne la feront pas marcher —
Cette Pendule de Neige —
Ce Boutiquier l'importune —
Pendant qu'un Non froid — regardant ailleurs —

Fait signe aux Aiguilles Dorées —
Fait signe aux sveltes Secondes —
Des décennies d'Arrogance entre
Le Cadran de la vie —
Et Lui —

291 How the old mountains drip with sunset,
And the brake of dun !
How the hemlocks are tipped in tinsel
By the wizard sun !

How the old steeples hand the scarlet,
Till the ball is full, —
Have I the lip of the flamingo
That I dare to tell ?

Then, how the fire ebbs like billows,
Touching all the grass
With a departing, sapphire feature,
As if a duchess pass !

How a small dusk crawls on the village
Till the houses blot ;
And the odd flambeaux no men carry
Glimmer on the spot !

Now it is night in nest and kennel,
And where was the wood,
Just a dome of abyss is nodding
Into solitude !—

These are the visions baffled Guido ;
Titian never told ;
Domenichino dropped the pencil,
Powerless to unfold.

291 Comment les vieilles Montagnes ruissellent dans le Couchant
Comment brûlent les Sapins —
Comment le Hallier Sombre est drapé de Cendre
Par le Soleil Sorcier —

Comment les vieux Clochers tendent l'Écarlate
Pour en faire une Pelote —
Ai-je la lèvre du Flamant
Pour oser le dire ?

Comment le Feu reflue par Vagues —
Inondant toute l'Herbe
Avec un trait — de Saphir — laissant —
Passer une Duchesse —

Comment une petite Ombre rampe sur le Village
Jusqu'à ce que les Maisons s'effacent
Et que l'étrange Flambeau qu'aucun homme ne porte
Luise faiblement dans la Rue —

Comment vient la Nuit — dans le Nid et la Niche —
Et comment à la place du Bois —
Un Dôme d'Abîme se penche
Dans la Solitude —

Voilà les Visions fugitives du Guido —
Du Titien — jamais dites —
Le Dominiquin a lâché son pinceau —
Paralysé, par l'Or —

301 I reason, earth is short,
And anguish absolute.
And many hurt ;
But what of that ?

I reason, we could die :
The best vitality
Cannot excel decay ;
But what of that ?

I reason that in heaven
Somehow, it will be even,
Some new equation given ;
But what of that ?

301 Je me dis, la Terre est brève —
Et l'Angoisse — absolue —
La douleur partout,
Et alors ?

Je me dis, on peut mourir —
Les Forces les plus vives
Sont vouées à la Corruption,
Et alors ?

Je me dis qu'au Ciel —
Cela risque d'être la même question —
Avec une nouvelle Équation —
Et alors ?

303 The soul selects her own society,
Then shuts the door ;
On her divine majority
Obtrude no more.

Unmoved, she notes the chariot's pausing
At her low gate ;
Unmoved, an emperor is kneeling
Upon her mat.

I've known her from an ample nation
Choose one ;
Then close the valves of her attention
Like stone.

303 L’Âme choisit sa Compagnie —
Puis — ferme la Porte —
À sa divine Majorité —
Plus personne —

Impassible — elle remarque les Carrosses —
s’arrêtant —
À la Porte de service —
Impassible — un Empereur s’agenouillant
Sur son Paillasson —

J’ai su qu’elle avait — dans une vaste nation —
Choisi quelqu’un —
Puis — fermé les Soupapes de son attention —
Comme Pierre —

306 The soul's superior instants
Occur to Her alone,
When friend and earth's occasion
Have infinite withdrawn.

Or she, Herself, ascended
To too remote a height,
For lower recognition
Than Her Omnipotent.

This mortal abolition
Is seldom, but as fair
As Apparition — subject
To autocratic air.

Eternity's disclosure
To favorites, a few,
Of the Colossal substance
Of immortality.

306 Les instants Supérieurs de l'Âme
Lui parviennent — elle est seule —
Amis — occasions de la Terre
Sont infiniment loin —

Ou Elle s'est élevée — Elle-Même
Sur une Hauteur trop lointaine
Pour une Reconnaissance plus proche
Que Sa Toute-Puissance —

Cette Abolition Mortelle
Est rare — mais aussi belle
Qu'une Apparition — sujette
À l'Air Absolu —

Le clin d'œil de l'Éternité
À ses favoris — très peu —
Dans la Colossale substance
De l'Immortalité

315 He fumbles at your spirit
    As players at the keys
Before they drop full music on ;
    He stuns you by degrees,

Prepares your brittle substance
    For the ethereal blow,
By fainter hammers, further heard,
    Then nearer, then so slow

Your breath has time to straighten,
    Your brain to bubble cool, —
Deals one imperial thunderbolt
    That scalps your naked soul.

When winds take forests in their paws,
The universe, is still —

Elle pianote sur votre Âme
Comme des Musiciens sur les Touches
Avant de donner toute la Gamme —
Elle vous étourdit par degrés —
Prépare votre Nature fragile
À l'Impalpable Coup
Par des Marteaux d'abord — presque inaudibles —
Puis plus proches — Puis si lents
Que votre Souffle a le temps de se retenir —
Que votre Cerveau — bouillonne de Froid —
Puis — Un Seul — impérial — Éclair —
Scalpe votre Âme mise à nu —

Quand les Vents prennent les Forêts dans leurs
Griffes —
L'Univers — se tient coi —

318 I'll tell you how the sun rose, —
A ribbon at a time.
The steeples swam in amethyst,
The news like squirrels ran.

The hills untied their bonnets,
The bobolinks begun.
Then I said softly to myself,
"That must have been the sun !"

....

But how he set, I know not.
There seemed a purple stile
Which little yellow boys and girls
Were climbing all the while

Till when they reached the other side,
A dominie in gray
Put gently up the evening bars,
And led the flock away.

318 Je te dirai comment le Soleil s'est levé —
Un Ruban, un moment —
Les Clochers nageaient dans l'Améthyste —
Les nouvelles, comme des Écureuils — couraient —
Les Collines dénouaient leurs Bonnets —
Les Babillards — commençaient —
Alors je me suis dit tout doucement —
« C'était sans doute le Soleil » !
Mais comment il s'est couché — je ne sais pas —
On aurait dit un échalier pourpre
Où des petits garçons Jaunes et des petites filles
Ne cessaient de grimper —
Et quand ils ont atteint l'autre côté,
Un Maître d'École en gris —
A gentiment enlevé les Barreaux du soir —
Et emmené la nichée —

319 The nearest dream recedes, unrealized.
The heaven we chase
Like the June bee
Before the school-boy
Invites the race ;
Stoops to an easy clover —
Dips — evades — teases — deploys ;
Then to the royal clouds
Lifts his light pinnace
Heedless of the boy
Staring, bewildered, at the mocking sky.

Homesick for steadfast honey,
Ah ! the bee flies not
That brews that rare variety.

319 Le Rêve le plus fou s'éloigne — irréalisé —
Le Ciel que nous poursuivons,
Comme l'Abeille de Juin — devant l'Écolier,
Invite à la Course —
Se penche — sur un Trèfle facile —
Plonge — s'évade — se moque — se déploie —
Puis — vers les Royaux Nuages
Élève sa frêle Chaloupe —
Insoucieuse du Garçon —
Qui fixe — stupéfait — le ciel moqueur —

Nostalgique du Miel constant —
Ah, l'Abeille ne vole pas
Qui distille cette variété rare !

Of tribulation these are they
Denoted by the white ;
The spangled gowns, a lesser rank
Of victors designate.

All these did conquer ; but the ones
Who overcame most times
Wear nothing commoner than snow,
No ornament but palms.

Surrender is a sort unknown
On this superior soil ;
Defeat, an outgrown anguish,
Remembered as the mile

Our panting ankle barely gained
When night devoured the road ;
But we stood whispering in the house,
And all we said was "Saved" !

Ceux du Malheur sont Ceux,
Que dénote le Blanc.
Les Robes à Paillettes, désignent
Les Vainqueurs — de moindre rang —

Tous ceux-là — ont vraiment conquis —
Mais ceux qui ont le plus souvent gagné —
Ne portent rien de plus commun que la Neige —
Pas d'Ornement, des Palmes —

Se rendre — est un genre inconnu
Sur ce sol élevé —
La défaite — une vieille Angoisse,
Remémorée, comme le Kilomètre

Sur lequel a souffert notre Cheville à vif,
Quand la Nuit dévorait la Route —
Mais nous — chuchotant dans la Maison —
Tout ce que nous avons dit — Sauvés !

338 I know that he exists
Somewhere, in silence.
He has hid his rare life
From our gross eyes.

'T is an instant's play,
'T is a fond ambush,
Just to make bliss
Earn her own surprise !

But should the play
Prove piercing earnest,
Should the glee glaze
In death's stiff stare,

Would not the fun
Look too expensive ?
Would not the jest
Have crawled too far ?

338 Je sais qu'Il existe.
Quelque part — dans le Silence —
Il a caché sa vie précieuse
À notre vue grossière.

C'est le jeu d'un instant.
Un tendre Guet-Apens —
Le Bonheur s'attrape
Par surprise !

Mais — si le jeu
N'en est plus un —
Si la Joie — se glace —
Dans l'œil froid — et fixe — de la Mort —

Ne serait-ce pas payer
La plaisanterie trop cher !
Ne serait-ce pas pousser —
Trop loin le bouchon !

360 Death sets a thing significant
The eye had hurried by,
Except a perished creature
Entreat us tenderly

To ponder little workmanships
In crayon or in wool,
With "This was last her fingers did,"
Industrious until

The thimble weighed too heavy,
The stitches stopped themselves,
And then't was put among the dust
Upon the closet shelves.

A book I have, a friend gave,
Whose pencil, here and there,
Had notched the place that pleased him, —
At rest his fingers are.

Now, when I read, I read not,
For interrupting tears
Obliterate the etchings
Too costly for repairs.

360 La Mort met le doigt sur une Chose importante
Que l'Œil s'est empressé d'oublier
Sauf quand un Défunt
Nous implore tendrement

De méditer sur les petits Travaux
De Pastel ou de Laine,
« La dernière chose que Ses doigts ont faite » —
Occupés jusqu'au moment —

Où le Dé a pesé trop lourd —
Où les Points se sont arrêtés — la Couture —
Rangée ensuite à la Poussière
Sur les étagères de la Penderie —

J'ai un Livre — donné par un ami —
Dont le Crayon — ici et là —
A coché un passage qu'Il aimait —
Au Repos — sont Ses doigts —

À présent — je lis — sans lire —
Car les Larmes qui jaillissent —
Effacent les Gravures
Trop Précieuses pour être Restaurées.

362 It struck me every day
The lightning was as new
As if the cloud that instant slit
And let the fire through.

It burned me in the night,
It blistered in my dream;
It sickened fresh upon my sight
With every morning's beam.

I thought that storm was brief, —
The maddest, quickest by;
But Nature lost the date of this,
And left it in the sky.

*

363 I went to thank her,
But she slept;
Her bed a funnelled stone,
With nosegays at the head and foot,
That travellers had thrown,

Who went to thank her;
But she slept.
'T was short to cross the sea
To look upon her like, alive,
But turning back't was slow.

362 Ça me frappait — chaque Jour —
L'Éclair était aussi neuf
Que si le Nuage se fendait à l'instant
Et laissait passer la Foudre —

Ça Me brûlait — la Nuit —
Ça formait des Cloques dans Mon Rêve —
Ça me lessivait les yeux —
Au retour du Matin —

Je pensais que la Tempête — était brève —
Plus vite Déchaînée — plus vite calmée —
Mais la Nature en a perdu la Date —
Et l'a laissée dans le Ciel —

*

363 Je suis venue La remercier —
Mais Elle Dormait —
Son Lit — une dalle de Pierre —
Avec des Bouquets à la Tête et au Pied —
Jetés — par des Voyageurs —

Venus La remercier —
Mais Elle Dormait —
Vite fait — de traverser la Mer —
Pour voir Sa pareille — vivante —
Mais revenir — c'était lent —

365 Dare you see a soul at the white heat?
  Then crouch within the door.
Red is the fire's common tint;
  But when the vivid ore

Has sated flame's conditions,
  Its quivering substance plays
Without a color but the light
  Of unanointed blaze.

Least village boasts its blacksmith,
  Whose anvil's even din
Stands symbol for the finer forge
  That soundless tugs within,

Refining these impatient ores
  With hammer and with blaze,
Until the designated light
  Repudiate the forge.

Oses-tu voir une Âme *Chauffée à Blanc* ?
Alors accroupis-toi dans la porte —
Rouge — est la teinte ordinaire du Feu —
Mais quand le Minerai fondu
A passé l'épreuve des Flammes,
Il frémit dans la Forge
Sans couleur, comme la lumière
De la Fournaise profane.
Le moindre Village est fier de son Forgeron
Dont l'Enclume résonne en cadence
Symbole d'une Forge plus fine
Ces coups inaudibles — à l'intérieur —
Affinant les Minerais impatients
À coups de Marteau dans la Fournaise
Jusqu'à l'instant où la Lumière Élue
Répudie la Forge —

382 For Death, — or rather
For the things't will buy,
These put away
Life's opportunity.
The things that Death will buy
Are Room, — Escape
From Circumstances,
And a Name.
How gifts of Life
With Death's gifts will compare,
We know not —
For the rates stop Here.

382 Pour la Mort — ou plutôt
Pour les Choses qu'elle voudrait acheter —
Celle-ci — range-la
L'Occasion de Vivre —

Les Choses que la Mort achètera
Sont Espace —
Fuite des Contingences —
Et un Nom —

Avec les Dons de la Vie
Comment comparer les Dons de la Mort —
Nous n'en savons rien —
Car les Taux — sont fixés Ici —

384 No rack can torture me,
My soul's at liberty.
Behind this mortal bone
There knits a bolder one

You cannot prick with saw,
Nor rend with scymitar.
Two bodies therefore be;
Bind one, and one will flee.

The eagle of his nest
No easier divest
And gain the sky,
Than mayest thou,

Except thyself may be
Thine enemy;
Captivity is consciousness,
So's liberty.

384 Aucun Chevalet ne peut me torturer —
Mon Âme — en Liberté —
Derrière cet Os mortel
Un Autre est noué, plus hardi —

Tu ne peux pas piquer à la scie —
Ni percer au Cimeterre —
Deux Corps — donc —
Lie l'Un — l'Autre vole —

L'Aigle de son Nid
Ne plonge pas plus aisément —
Pour gagner le Ciel
Que Tu ne le fais —

À part Toi-Même peut-être
Ton Ennemi —
La Captivité est Conscience —
La Liberté aussi.

389 There's been a death in the opposite house
As lately as to-day.
I know it by the numb look
Such houses have alway.

The neighbors rustle in and out,
The doctor drives away.
A window opens like a pod,
Abrupt, mechanically ;

Somebody flings a mattress out, —
The children hurry by ;
They wonder if It died on that, —
I used to when a boy.

The minister goes stiffly in
As if the house were his,
And he owned all the mourners now,
And little boys besides ;

And then the milliner, and the man
Of the appalling trade,
To take the measure of the house.
There'll be that dark parade

Of tassels and of coaches soon ;
It's easy as a sign, —
The intuition of the news
In just a country town.

389 Il y a eu un Décès, dans la Maison d'En Face,
Pas plus tard qu'Aujourd'hui —
Je le sais, à l'aspect feutré
Que ces Maisons-là ont — toujours —

Entrant et sortant les Voisins se frôlent —
L'attelage du Docteur — s'éloigne —
Une Fenêtre s'ouvre comme une Cosse —
D'un seul coup — mécaniquement —

Quelqu'un balance un Matelas —
Les Enfants s'enfuient à toutes jambes —
Se demandant si — c'était mort dessus —
Je me le demandais — quand j'étais Petit —

Le Ministre du Culte — entre avec raideur —
Comme si la Maison était Sienne —
À Lui tous ceux qui Pleurent — maintenant —
Et les petits Garçons — en prime —

Puis entrent l'Habilleuse — et l'Homme
Au Métier d'Épouvante —
Pour prendre les mesures du Logis —
Il y aura cette Sombre Parade —

De Glands Noirs — et de Coches — bientôt —
Aussi visible qu'une Enseigne —
L'Intuition des Nouvelles —
Dans une Petite Ville de Province —

409 They dropped like flakes, they dropped like stars,
Like petals from a rose,
When suddenly across the June
A wind with fingers goes.

They perished in the seamless grass, —
No eye could find the place;
But God on his repealless list
Can summon every face.

*

412 I read my sentence steadily,
Reviewed it with my eyes,
To see that I made no mistake
In its extremest clause, —

The date, and manner of the shame;
And then the pious form
That "God have mercy" on the soul
The jury voted him.

I made my soul familiar
With her extremity,
That at the last it should not be
A novel agony,

But she and Death, acquainted,
Meet tranquilly as friends,
Salute and pass without a hint —
And there the matter ends.

409 Ils tombaient comme des Flocons —
Ils tombaient comme des Étoiles —
Comme des Pétales de Rose —
Quand soudain courant Juin
Un Vent avec des doigts — est venu —

Ils ont péri dans l'Herbe sans Couture —
Aucun œil n'a trouvé l'endroit —
Mais Dieu peut assigner chaque visage
Sur sa Liste — jamais Abrogée.

*

412 J'ai lu ma sentence — posément —
Puis je l'ai passée en revue,
Pour m'assurer d'aucune erreur
Dans sa clause la plus délicate —
Le Quand, et le comment, de la honte —
Et puis la Formule Pieuse
« Dieu ait pitié » de l'Âme
Et le Jury vota Coupable —
J'ai habitué mon âme — à son extrémité —
Pour qu'elle ne vive pas une nouvelle Agonie —
Mais qu'elle et la Mort, les présentations faites —
Se rencontrent tranquillement, en amies —
Se saluent, et passent, sans Arrière-Pensée —
Et que l'Affaire en reste là —

436 The wind tapped like a tired man,
And like a host, "Come in,"
I boldly answered ; entered then
My residence within

A rapid, footless guest,
To offer whom a chair
Were as impossible as hand
A sofa to the air.

No bone had he to bind him,
His speech was like the push
Of numerous humming-birds at once
From a superior bush.

His countenance a billow,
His fingers, if he pass,
Let go a music, as of tunes
Blown tremulous in glass.

He visited, still flitting ;
Then, like a timid man,
Again he tapped — 't was flurriedly —
And I became alone.

436 Le Vent — a frappé comme un Homme las —
Et comme une Hôtesse — « Entrez »
Ai-je répondu avec audace — est alors
Entré dans ma Résidence

Un Invité Rapide — sans pieds —
Lui proposer une Chaise
Autant vouloir offrir
Un Canapé à l'Air —

Il n'avait pas d'Os pour tenir en place —
Sa Parole était comme la Bousculade
Soudaine de nombreux Colibris
Au faîte d'un Buisson —

Sa Mine — une Houle —
Ses Doigts, au passage
Dispensaient une musique — comme ces airs
Soufflés tremblants dans du Verre —

Il a visité — toujours sautillant —
Et comme un Homme timide
Et dans tous ses états — de nouveau, Il a frappé —
Et je suis restée seule —

441 This is my letter to the world,
That never wrote to me, —
The simple news that Nature told,
With tender majesty.

Her message is committed
To hands I cannot see;
For love of her, sweet countrymen,
Judge tenderly of me!

441 Voici ma lettre au Monde
Qui ne M'a jamais écrit —
Les simples Nouvelles que la Nature disait —
Avec une tendre Majesté

Son Message est confié
À des Mains que je ne vois pas —
Pour l'amour d'Elle — Doux — compatriotes —
Jugez-Moi avec — tendresse

445 ’T was just this time last year I died.
I know I heard the corn,
When I was carried by the farms, —
It had the tassels on.

I thought how yellow it would look
When Richard went to mill ;
And then I wanted to get out,
But something held my will.

I thought just how red apples wedged
The stubble’s joints between ;
And carts went stooping round the fields
To take the pumpkins in.

I wondered which would miss me least,
And when Thanksgiving came,
If father’d multiply the plates
To make an even sum.

And if my stocking hung too high,
Would it blur the Christmas glee,
That not a Santa Claus could reach
The altitude of me ?

But this sort grieved myself, and so
I thought how it would be
When just this time, some perfect year,
Themselves should come to me.

C’est juste à cette époque, l’an dernier, que je suis morte.
Je sais que j’ai entendu le Blé,
Quand j’ai été portée près des Fermes —
Il était en Noir —

J’ai pensé qu’il serait très jaune —
Quand Richard irait au moulin —
Alors, j’ai voulu sortir,
Mais quelque chose m’a retenue.

J’ai pensé aux Pommes — Rouges
Coincées entre les brins de Chaume —
Et aux Charrettes peinant autour des champs
Pour rentrer les Potirons —

Je me suis demandée ce qui me manquerait le moins,
Et quand arriverait le Quatrième Jeudi de Novembre,
Si Père multiplierait les plats —
Pour faire une Somme égale —

Si cela troublerait la joie de Noël
Que mon Bas soit pendu trop haut
Pour n’importe quel Père Noël
À l’Altitude où je suis —

Mais cette pensée m’a affligée,
Aussi j’en ai suivi une autre,
Qu’à la même époque, une année parfaite —
Ce serait leur tour, de venir à moi —

446 I showed her heights she never saw —
"Wouldst climb ?" I said,
She said "Not so"—
"With me ?" I said, "With me ?"
I showed her secrets
Morning's nest,
The rope that Nights were put across —
And *now,* "Wouldst have me for a Guest ?"
She could not find her yes —
And then, I brake my life, and Lo !
A light for her, did solemn glow,
The larger, as her face withdrew —
And could she, further, "No ?"

446 Je lui ai montré des Hauteurs qu'elle n'avait jamais vues —
« Veux-tu Grimper » ? ai-je dit ?
Elle a répondu — « Pas vraiment » —
Avec *moi* — ai-je dit — Avec *moi ?*
Je lui ai montré des Secrets — le Nid du Matin —
La Corde pour passer les Nuits —
Et *maintenant* — Veux-tu m'avoir pour « Hôte ? »
Elle n'a pu trouver le Oui —
Alors j'ai brisé ma vie — Et Voyez,
Un halo de Lumière, pour elle, a rayonné,
D'autant plus vif que son visage se retirait —
A-t-elle *pu*, cette fois, dire « Non » ?

449 I died for beauty, but was scarce
Adjusted in the tomb,
When one who died for truth was lain
In an adjoining room.

He questioned softly why I failed ?
"For beauty," I replied.
"And I for truth, — the two are one ;
We brethren are," he said.

And so, as kinsmen met a night,
We talked between the rooms,
Until the moss had reached our lips,
And covered up our names.

449 Morte pour la Beauté — je venais à peine
D'être ajustée dans la Tombe
Qu'on a couché Quelqu'un mort pour la Vérité
Dans une Chambre voisine —

« Tombée pour quoi ? » m'a-t-il soufflé
« Pour la Beauté », ai-je répondu —
« Moi — pour la Vérité — Les Deux sont Un —
« Nous sommes Frères », a-t-Il dit —

Ainsi, comme des Parents, un Soir réunis —
Nous avons papoté d'une Chambre à l'autre —
Jusqu'à ce que la Mousse ait atteint nos lèvres —
Et recouvert — nos noms —

463 I live with him, I see his face;
I go no more away
For visitor, or sundown;
Death's single privacy,

The only one forestalling mine,
And that by right that he
Presents a claim invisible,
No wedlock granted me.

I live with him, I hear his voice,
I stand alive to-day
To witness to the certainty
Of immortality

Taught me by Time, — the lower way,
Conviction every day, —
That life like this is endless,
Be judgment what it may.

463 Je vis avec Lui — je vois Son visage —
Je ne m'éloigne plus
Pour un Visiteur — ou un Soleil Couchant —
L'unique privauté de la Mort

La Seule — devançant la Mienne —
Et cela — par le Droit
Que lui donne l'invisible Créance —
Qu'aucun Lien ne M'accorde —

Je vis avec Lui — j'entends Sa Voix —
Je suis vivante — Aujourd'hui —
Pour me porter Garante
De l'Immortalité —

Une Voie plus basse — que J'ai apprise — du Temps —
La Conviction — Chaque Jour —
Qu'une Telle Vie — est sans fin —
Quel que soit — le Jugement —

465 I heard a fly buzz when I died ;
The stillness round my form
Was like the stillness in the air
Between the heaves of storm.

The eyes beside had wrung them dry,
And breaths were gathering sure
For that last onset, when the king
Be witnessed in his power.

I willed my keepsakes, signed away
What portion of me I
Could make assignable, — and then
There interposed a fly,

With blue, uncertain, stumbling buzz,
Between the light and me ;
And then the windows failed, and then
I could not see to see.

65 J’ai entendu le bruit d’une Mouche — en mourant —
Le Silence dans la Chambre
Était comme le Silence de l’Air —
Entre les Bouffées de Tempête —

Les Yeux autour — en étaient secs —
Et les Souffles se recueillaient
En vue de l’ultime Assaut — quand la Reine
Serait vue — dans la Chambre —

J’ai légué ce qui m’était Cher — Cédé
La partie de moi-même
Cessible — Et c’est alors
Qu’une Mouche s’est interposée —

Avec un Bruit Bleu, incertain, trébuchant —
Entre la lumière — et moi —
Ensuite les Fenêtres sont devenues floues
Et j’ai perdu de vue la vue —

478 I had no time to hate, because
The grave would hinder me,
And life was not so ample I
Could finish enmity.

Nor had I time to love ; but since
Some industry must be,
The little toil of love, I thought,
Was large enough for me.

478 Je n'ai pas eu le temps de Haïr —
Sachant
Que la Tombe serait une gêne pour Moi —
Et la Vie pas assez longue
Pour faire
Cesser les — Hostilités —

Et pas non plus le temps d'Aimer
Mais puisque
Il faut Faire quelque chose —
La petite Misère de l'Amour —
pensai-je
Suffirait à Mon bonheur —

482 We cover thee, sweet face.
    Not that we tire of thee,
But that thyself fatigue of us;
    Remember, as thou flee,
We follow thee until
    Thou notice us no more,
And then, reluctant, turn away
    To con thee o'er and o'er,
And blame the scanty love
    We were content to show,
Augmented, sweet, a hundred fold
    If thou would'st take it now.

482 Nous Te Couvrons — Doux Visage —
Non que Nous soyons las de Toi —
Mais de peur que Tu te fatigues de Nous —
Souviens-toi — quand Tu es partie —
Nous T'avons suivie jusqu'à
Ce que Tu Nous perdes — de vue —
Et puis — à contrecœur — rebroussé chemin
Pour Parler de Toi encore et encore —

Et blâmer le pauvre amour
Que nous étions Contents de montrer —
Multiplié — Douce — par Cent —
Si Tu pouvais l'accepter — à présent —

496 As far from pity as complaint,
    As cool to speech as stone,
As numb to revelation
    As if my trade were bone.

As far from time as history,
    As near yourself to-day
As children to the rainbow's scarf,
    Or sunset's yellow play

To eyelids in the sepulchre.
    How still the dancer lies,
While color's revelations break,
    And blaze the butterflies !

96 Aussi loin de la pitié que des plaintes —
Aussi sourd à la parole — qu'une pierre —
Aussi fermé à la Révélation
Que si mon Commerce était l'Os —

Aussi loin du Temps — que de l'Histoire —
Aussi près de toi — Aujourd'hui —
Que les Enfants du foulard de l'Arc-en-Ciel —
Ou les reflets Jaunes du Soleil

Des paupières dans le Sépulcre —
Le Danseur muet repose —
Pendant que Les Révélations de la Couleur se lèvent —
Et font flamber — les Papillons !

501 This world is not conclusion;
A sequel stands beyond,
Invisible, as music,
But positive, as sound.
It beckons and it baffles;
Philosophies don't know,
And through a riddle, at the last,
Sagacity must go.
To guess it puzzles scholars;
To gain it, men have borne
Contempt of generations,
And crucifixion shown.
Faith slips, and laughs and rallies,
Blushes, if any see,
Plucks at a twig or evidence,
And asks a vane, the way,
Much gesture, from the pulpit
Strong hallelujahs roll,
Narcotics cannot still the tooth
Tha nibbles at the soul.

501 Ce Monde n'est pas une Conclusion.
Il y a une Vie au-delà —
Invisible — comme la Musique —
Mais positive — comme le Son —
Elle fait signe, elle déconcerte —
La Philosophie — connaît pas —
Et, à travers une Énigme, enfin —
La Sagacité finit par se faufiler —
La deviner tourmente les clercs —
Pour l'avoir, les Hommes ont enduré
Le mépris des Générations
Et la Crucifixion montré du doigt —
La Foi glisse — et rit et reprend des forces —
Rougit, devant témoin —
Tire sur une brindille de Preuve —
Demande à une Girouette, le chemin —
De grands Gestes, de la Chaire —
Roulent de puissants Alléluias —
Aucun Narcotique pour calmer la Dent
Qui grignote l'âme —

509 If anybody's friend be dead,
It's sharpest of the theme
The thinking how they walked alive,
At such and such a time.

Their costume, of a Sunday,
Some manner of the hair, —
A prank nobody knew but them,
Lost, in the sepulchre.

How warm they were on such a day:
You almost feel the date,
So short way off it seems; and now,
They're centuries from that.

How pleased they were at what you said;
You try to touch the smile,
And dip your fingers in the frost:
When was it, can you tell,

You asked the company to tea,
Acquaintance, just a few,
And chatted close with this grand thing
That don't remember you?

Past bows and invitations,
Past interview, and vow,
Past what ourselves can estimate, —
That makes the quick of woe!

509 Quand on perd des amis
Ce qui fait le plus mal
C'est l'image de ce qu'ils étaient —
À telle ou telle époque —

Leur costume, un Dimanche,
Leur façon de se Coiffer —
Une fredaine ignorée de tous
Avec eux perdue dans la Tombe —

Et si chaleureux, ce jour-là,
Qu'on pourrait presque y être —
Tant ça paraît proche —
Eux à présent — sont à des Siècles de cela —

Si charmés par vos propos —
Que vous avez envie de toucher leur sourire
Et de plonger vos doigts dans le gel —
Quand donc était-ce — voyons —

Vous aviez invité du Monde pour le thé —
Quelques amis — très peu —
Et bavardé tout bas avec cette Grande Chose
Qui ne se souvient pas de vous —

Passé de Saluts, et d'Invitations —
Passé de Rencontres, et de Serments —
Passé dont Nous-Mêmes estimons le prix —
Voilà — le Vif du Chagrin !

510 It was not death, for I stood up,
And all the dead lie down ;
It was not night, for all the bells
Put out their tongues, for noon.

It was not frost, for on my flesh
I felt siroccos crawl, —
Nor fire, for just my marble feet
Could keep a chancel cool.

And yet it tasted like them all ;
The figures I have seen
Set orderly, for burial,
Reminded me of mine,

As if my life were shaven
And fitted to a frame,
And could not breathe without a key ;
And't was like midnight, some,

When everything that ticked has stopped,
And space stares, all around,
Or grisly frosts, first autumn morns,
Repeal the beating ground.

But most like chaos, — stopless, cool, —
Without a chance or spar,
Or even a report of land
To justify despair.

Ce n'était pas la Mort, puisque j'étais debout,
Et que tous les Morts sont couchés —
Ce n'était pas la Nuit, puisque toutes les Cloches
Tiraient la Langue pour sonner Midi.

Ce n'était pas le Gel, puisque sur ma Chair
Je sentais les Siroccos — ramper —
Ni le Feu — puisque mes pieds de Marbre
Pouvaient garder frais un Sanctuaire —

Et pourtant, il y avait un goût de tout cela,
Les Silhouettes aperçues
Préparées pour les Funérailles,
Me rappelaient la mienne —

Comme si ma vie était rabotée,
Et ajustée à un cadre,
Et ne pouvait respirer sans clef,
Et c'était comme à Minuit, pour une part —

Quand tout ce qui tictaque — s'est tu —
Et que l'Espace, perdu, regarde —
Ou que le gel Meurtrier — les premiers matins d'Automne,
Étouffe le Sol qui Palpite —

Mais, surtout, comme le chaos —
Glacé — Inexorable —
Sans une Chance, ou un Espar —
Ni même une Terre en Vue —
Pour justifier — le Désespoir.

520 I started early, took my dog,
And visited the sea;
The mermaids in the basement
Came out to look at me,

And frigates in the upper floor
Extended hempen hands,
Presuming me to be a mouse
Aground, upon the sands.

But no man moved me till the tide
Went past my simple shoe,
And past my apron and my belt,
And past my bodice too,

And made as he would eat me up
As wholly as a dew
Upon a dandelion's sleeve —
And then I started too.

And he — he followed close behind;
I felt his silver heel
Upon my ankle, — then my shoes
Would overflow with pearl.

Until we met the solid town,
No man he seemed to know;
And bowing with a mighty look
At me, the sea withdrew.

Partie Tôt — Pris mon Chien —
Et rendu visite à la Mer —
Les Sirènes logées en Bas
Sont sorties pour me regarder —

Et les Galions — au Premier Étage
M'ont tendu des Mains de Chanvre —
Me prenant pour une Souris —
Échouée — sur les Sables —

Dérangée par Personne — avant que le Flot
N'ait trempé ma simple Chaussure —
Et puis mon Tablier — et puis ma Ceinture
Et puis mon Corsage — aussi —

Comme s'Il voulait m'avaler —
Tout entière comme la Rosée
Sur la Manchette d'un Pissenlit —
Alors — je suis partie — moi aussi —

Et Lui — Il m'a suivie — de près —
Je sentais Son Talon d'Argent
Sur ma Cheville — Puis mes Souliers
Ont été inondés de Perles —

Jusqu'à la Ville Solide où Nous sommes allés —
Il ne semblait connaître Personne —
S'inclinant devant moi — avec un regard Terrible —
La Mer s'est retirée —

524 Departed to the judgment,
A mighty afternoon ;
Great clouds like ushers leaning,
Creation looking on.

The flesh surrendered, cancelled,
The bodiless begun ;
Two worlds, like audiences, disperse
And leave the soul alone.

24 Partie — pour le Jugement —
Un Mémorable Après-Midi —
Introduite — par ces Grands Huissiers — les Nuages —
La création — à la galerie —

La Chair — Cédée — Résiliée —
Sans Corps — pour la suite —
Deux Mondes — l'Auditoire — évacuent la salle —
Et laissent l'Âme — seule —

542 I had no cause to be awake,
My best was gone to sleep,
And morn a new politeness took,
And failed to wake them up,

But called the others clear,
And passed their curtains by.
Sweet morning, when I over-sleep,
Knock, recollect, for me !

I looked at sunrise once,
And then I looked at them,
And wishfulness in me arose
For circumstance the same.

'T was such an ample peace,
It could not hold a sigh, —
'T was Sabbath with the bells divorced,
'T was sunset all the day.

So choosing but a gown
And taking but a prayer,
The only raiment I should need,
I struggled, and was there.

542 Je n'avais aucune Raison d'être éveillée —
Les Miens — étaient allés dormir —
Le Matin a pris une civilité nouvelle —
Et n'a pas réussi à les réveiller —

Mais il a réveillé les autres — d'une voix claire —
En franchissant leurs Rideaux —
Doux Matin — Quand je dors trop longtemps —
Frappe — Souviens-toi — de Moi —

J'ai regardé le Soleil — Un Jour —
Puis je Les ai regardés —
Et le désir s'est levé en moi —
La Circonstance, la même —

C'était une Paix si Grande —
Qu'elle n'a pu retenir un Soupir —
C'était Dimanche — avec les Cloches divorcées —
Le Soleil Couchant — toute la Journée —

Aussi ne choisissant qu'une Robe —
Et n'enfilant qu'une Prière —
Le seul Vêtement dont j'aurai besoin —
J'ai lutté — et j'étais Là —

547 I've seen a dying eye
Run round and round a room
In search of something, as it seemed,
Then cloudier become;
And then, obscure with fog,
And then be soldered down
Without disclosing what it be,
'T were blessed to have seen.

547 J'ai vu un Œil Mourant
Faire plusieurs fois le tour d'une Chambre —
Comme s'il cherchait Quelque Chose —
semblait-il —
Puis devenir plus Nuageux —
Et puis — s'emplir de Brouillard —
Et puis — être soudé
Sans découvrir ce que c'était
Qu'il aurait été heureux d'avoir vu —

577 If I may have it when it's dead
I will contented be ;
If just as soon as breath is out
It shall belong to me,

Until they lock it in the grave,
'T is bliss I cannot weigh,
For though they lock thee in the grave,
Myself can hold the key.

Think of it, lover ! I and thee
Permitted face to face to be ;
After a life, a death we'll say, —
For death was that, and this is thee.

I'll tell three all, how bald it grew,
How midnight felt, at first, to me,
How all the cloks stopped in the world
And sunshine pinched me, 'twas so cold,

Then how the grief got sleepy, some,
As if my soul were deaf and dumb,
Just making signs, across, to thee,
That this way, thou could'st notice me,

I'll tell you how I tried to keep
A smile, to show you, when this deep
All waded, we look back for play,
At those old times, in calvary.

77 Si je peux l'avoir, quand ce sera mort,
Je serais heureuse — tellement —
Si au moment du dernier Souffle
Ça pouvait m'appartenir —

Jusqu'à ce qu'on l'enferme dans la Tombe,
Quel insoutenable Bonheur —
On peut te boucler dans la Tombe,
Moi — j'ai ma propre clef —

Penses-y, Bien-Aimé ! Toi et Moi
Autorisés — à être face-à-face —
Après une Vie — une Mort — Dirons-nous —
Car la Mort était Cela —
Et Ceci — c'est Toi —

Je Te dirai Tout — comment c'est devenu Pelé —
Comment m'a semblé Minuit, d'abord — à moi —
Comment toutes les Horloges du Monde se sont arrêtées —
Alors un Rayon de Soleil m'a pincée — c'était si froid —

Puis comment la Douleur s'est endormie — un peu —
Comme si mon Âme était sourde et muette —
T'adressant juste des signes — à Toi —
Pour que tu puisses — savoir que j'étais là —

Je te dirai comment j'ai essayé de garder
Un sourire, pour te montrer, une fois ce gouffre
Traversé — Ce que nous avons regardé pour Rire,
En tournant la tête — quel Calvaire.

577 Forgive me, if the grave come slow,
For coveting to look at thee,
Forgive me, if to stroke thy frost
Outvisions paradise !

577 Pardonne-moi, si la Tombe est lente —
De ne Convoiter qu'une chose : Te voir —
Pardonne-moi, si caresser ton froid
Surpasse la vision du Paradis !

579 I had been hungry all the years ;
My noon had come, to dine ;
I, trembling, drew the table near,
And touched the curious wine.

'T was this on tables I had seen,
When turning, hungry, lone,
I looked in windows, for the wealth
I could not hope to own.

I did not know the ample bread,
'T was so unlike the crumb
The birds and I had often shared
In Nature's dining-room.

The plenty hurt me,'t was so new, —
Myself felt ill and odd,
As berry of a mountain bush
Transplanted to the road.

Nor was I hungry ; so I found
That hunger was a way
Of persons outside windows,
The entering takes away.

79 J'ai eu faim, toutes ces Années —
Midi était Venu pour moi — à mon tour de manger —
Tremblante, je me suis approchée de la Table —
Et j'ai goûté le Curieux Vin —

Celui que j'avais vu sur les Tables —
Quand je rentrais à la Maison, affamée
J'ai cherché derrière les Fenêtres, l'Opulence
Que je ne pouvais espérer — être Mienne —

Je ne connaissais pas l'ample Mie —
Si différente de la Miette
Que les Oiseaux et Moi, nous avons souvent partagée
Dans la Salle à Manger — de la Nature —

L'Abondance m'a blessée — elle était si nouvelle —
Je me suis sentie mal — et bizarre —
Comme une Baie — d'un Arbrisseau de la
Montagne —
Transplantée — sur la Route —

Comme je n'avais pas faim — j'ai découvert
Que la Faim — était une façon
De Personnes devant des Fenêtres —
L'Entrée — la supprime —

I gave myself to him,
And took himself for pay.
The solemn contract of a life
Was ratified this way.

The wealth might disappoint,
Myself a poorer prove
Than this great purchaser suspect,
The daily own of Love

Depreciate the vision ;
But, till the merchant buy,
Still fable, in the isles of spice,
The subtle cargoes lie.

At least,'t is mutual risk, —
Some found it mutual gain ;
Sweet debt of Life, — each night to owe,
Insolvent, every noon.

Je me suis donnée à Lui —
Et je L'ai pris, comme Gage,
Le contrat nous liant à Vie
Fut ratifié de cette façon —

Les Richesses peuvent décevoir —
Et je peux m'avérer plus pauvre
Que ne le soupçonne ce maître Acquéreur,
L'Usage Quotidien — de l'Amour

Déprécie la Vision —
Jusqu'à l'achat du Marchand —
Toujours Fabuleuses — dans les Îles d'Épices —
Les subtiles Cargaisons — dorment —

Au moins — le Risque — est Mutuel —
Le Gain — Aussi — pour quelques-uns —
Charmante Dette que la Vie — Chaque Nuit l'échéance —
Chaque Jour — la faillite —

583 A toad can die of light!
Death is the common right
    Of toads and men, —
Of earl and midge
The privilege.
    Why swagger then?
The gnat's supremacy
Is large as thine.

Life, is a different thing,
    So measure wine,
Naked of lask, naked of cask,
Bare Rhine,
Which ruby's mine?

583 Un Crapaud peut mourir de Lumière —
La Mort est la Règle Commune
Aux Crapauds et aux Hommes —
Du Comte et du Moustique
Le privilège —
Alors, pourquoi se pavaner ?
La suprématie du Moucheron vaut la Tienne —

La vie — est une Chose différente —
Aussi mesure le Vin —
Dépouillé de Fiasque — Dépouillé de Fût —
Pur Rhin —
Quel Rubis est le mien ?

615 Our journey had advanced ;
Our feet were almost come
To that odd fork in Being's road,
Eternity by term.

Our pace took sudden awe,
Our feet reluctant led.
Before were cities, but between,
The forest of the dead.

Retreat was out of hope, —
Behind, a sealed route,
Eternity's white flag before,
And God at every gate.

Nous voyagions depuis longtemps —
Nos pieds étaient presque arrivés
À cette Fourche étrange sur la Route de l'Être —
Lieu-Dit — l'Éternité —

Notre allure soudain se fit craintive —
Nos pas — timides — hésitants —
Devant — des Villes — mais Entre elles et nous —
La Forêt des Morts —

La Retraite — hors d'Espoir —
Derrière — une Route Scellée —
Le Drapeau Blanc de l'Éternité — Devant —
Et Dieu — à toutes les Issues —

622 To know just how he suffered would be dear;
To know if any human eyes were near
To whom he could intrust his wavering gaze,
Until it settled firm on Paradise.

To know if he was patient, part content,
Was dying as he thought, or different;
Was it a pleasant day to die,
And did the sunshine face his way?

What was his furthest mind, of home, or God,
Or what the distant say
At news that he ceased human nature
On such a day?

And wishes, had he any?
Just his sigh, accented,
Had been legible to me.
And was he confident until
Ill fluttered out in everlasting well?

And if he spoke, what name was best,
What first,
What one broke off with
At the drowsiest?

Was he afraid, or tranquil?
Might he know
How conscious consciousness could grow,
Till love that was, and love too blest to be,
Meet — and the junction be Eternity?

22 Savoir ce qu'Il a vraiment souffert — serait précieux —
Savoir si des yeux Humains étaient là
À qui remettre Son regard vacillant —
Avant de le fixer — sur le Paradis —

Savoir s'Il a été patient — en partie consentant —
Si Mourir était ce qu'Il pensait — ou différent —
Était-ce un beau Jour pour partir —
Le Soleil était-il en face de Son chemin —

À quoi a-t-Il pensé à la fin — à son Foyer — à Dieu —
Ou à ce que diraient les Absents —
À la nouvelle que l'Homme en Lui avait cessé d'être
Par un tel Jour —

Ses Dernières Volontés — Les a-t-Il Dites —
Seul Son Soupir — Accentué —
A été net — pour Moi —
A-t-Il été Confiant jusqu'à ce que le Mal
En tressaillant — se mue en — Bien Éternel —

Et s'Il a parlé — Quel nom l'a Emporté —
Lequel dit le dernier
Lequel expiré
Dans l'Ultime Remous —

Était-Il effrayé — ou calme —
Pouvait-Il savoir
Combien la Conscience peut devenir — Consciente —
Jusqu'à ce que l'Amour qui était — et l'Amour trop
beau pour être —
Se rencontrent — et que la Jonction c'est Éternité

*

623 It was too late for man,
But early yet for God;
Creation impotent to help,
But prayer remained our side.

How excellent the heaven,
When earth cannot be had;
How hospitable, then, the face
Of our old neighbor, God!

623 Il était trop tard pour l'Homme —
Mais trop tôt, encore, pour Dieu —
La Création — d'aucun secours —
Mais la Prière — avec Nous —

Que le Ciel est chose excellente —
Quand on ne peut avoir — la Terre —
Qu'elle est hospitalière — alors — la face
De Notre Vieux Voisin — Dieu —

’T was a long parting, but the time
For interview had come ;
Before the judgment-seat of God,
The last and second time

These fleshless lovers met,
A heaven in a gaze,
A heaven of heavens, the privilege
Of one another’s eyes.

No lifetime set on them,
Apparelled as the new
Unborn, except they had beheld,
Born everlasting now.

Was bridal e’er like this ?
A paradise, the host,
And cherubim and seraphim
The most familiar guest.

625 Longtemps Séparés — voilà que le temps
De Comparaître — était Venu —
Devant le Tribunal de Dieu —
Pour la seconde — et dernière fois

Étaient réunis ces Amants sans Chair —
Le Ciel dans un Regard —
Le Ciel des Ciels — tel était
Le Privilège de leurs Yeux —

Pas de Vie à user — pour Eux —
Parés de neuf comme les enfants
Non nés — mais ayant tout vu —
Nés pour toujours — à présent —

Y eut-il Jamais — pareille Noce ?
Pour Hôte — le Paradis —
Et Chérubins — et Séraphins —
Pour Intimes —

632 The brain is wider than the sky,
For, put them side by side,
The one the other will include
With ease, and you beside.

The brain is deeper than the sea,
For, hold them, blue to blue,
The one the other will absorb,
As sponges, buckets do.

The brain is just the weight of God,
For, lift them, pound for pound,
And they will differ, if they do,
As syllable from sound.

632 Le Cerveau — est plus grand que le Ciel —
Mettez-les côte à côte —
L'un contient l'autre
Sans problème — et Vous — en plus —

Le Cerveau est plus profond que la Mer —
Tenez-les — Bleu pour Bleu —
L'un absorbe l'autre —
Comme l'Éponge — l'eau — d'un Seau —

Le Cerveau pèse exactement le poids de Dieu —
Soupesez-les — Livre par Livre —
La différence — si elle existe —
Est celle de la Syllabe au Son —

Pain has an element of blank ;
It cannot recollect
When it began, or if there were
A day when it was not.

It has no future but itself,
Its infinite realms contain
Its past, enlightened to perceive
New periods of pain.

650 La Douleur — a comme un Blanc —
Impossible de se rappeler
Quand ça a commencé — ni s'il y avait
Un temps où ce n'était pas là —

Pas d'autre Avenir — que le sien —
Son Infini contient
Son Passé — pour ouvrir les yeux
À de nouveaux Moments — de Douleur.

654 A long, long sleep, a famous sleep
    That makes no show for dawn
By stretch of limb or stir of lid, —
    An independent one.

Was ever idleness like this ?
    Within a hut of stone
To bask the centuries away
    Nor once look up for noon ?

4 Un long — long Sommeil — un
merveilleux — Sommeil —
Qui ne tient pas compte du Matin —
En Étirant un Membre — ou en soulevant une
Paupière —
Un Somme indépendant —

Vit-on jamais Semblable oisiveté ?
Sur une Rive de Pierrc
Se chauffer au fil des Siècles —
Sans jamais regarder une fois — s'il est Midi ?

664 Of all the souls that stand create
I have elected one.
When sense from spirit files away,
And subterfuge is done;

When that which is and that which was
Apart, intrinsic, stand,
And this brief tragedy of flesh
Is shifted like a sand;

When figures show their royal front
And mists are carved away, —
Behold the atom I preferred
To all the lists of clay!

664 De toutes les Âmes créées —
J'en ai choisi — Une —
Quand le Sens déclare l'Esprit en faillite —
Et que le Subterfuge — est accompli —
Quand ce qui est — et ce qui était —
Demeurent — à part — intrinsèques —
Et que le Drame abrégé dans la Chair —
Est déplacé — comme du Sable —
Quand les Nombres montrent leur Front royal —
Et que les Brumes — sont écartées,
Regarder l'Atome — j'ai préféré —
Que toutes les listes d'Argile !

Dropped into the
Ether Acre !
Wearing the sod gown —
Bonnet of Everlasting laces —
Brooch frozen on !
Horses of blonde —
And coach of silver,
Baggage a strapped Pearl !
Journey of Down
And whip of Diamond —
Riding to meet the Earl !

Lâchée dans l'Arpent de l'Éther —
Portant la Robe Gazonnée —
Bonnet d'Éternelles Dentelles —
Broche — gelée —

Chevaux d'Ambre — et Coche d'Argent —
Bagage, une Perle courroyée —
Voyage de Plume — et Fouet de Diamant —
À bride abattue pour rencontrer le Comte —

667 Bloom upon the Mountain, stated,
Blameless of a name.
Efflorescence of a Sunset —
Reproduced, the same.

Seed, had I, my purple sowing
Should endow the Day,
Not a tropic of the twilight
Show itself away.

Who for tilling, to the Mountain
Come, and disappear —
Whose be Her renown, or fading,
Witness, is not here.

While I state — the solemn petals
Far as North and East,
Far as South and West expanding,
Culminate in rest.

And the Mountain to the Evening
Fit His countenance,
Indicating by no muscle
The Experience.

667 La floraison sur la Montagne — s'est déclarée —
Innocente d'un Nom —
L'efflorescence d'un Couchant —
A fait — la même chose —

Si j'avais des graines, ma Semaison Pourpre
S'adresserait au Jour —
Pas un Tropique de Crépuscule —
Ne se montre au loin —

Qui pour cultiver — vient —
À la Montagne et disparaît —
De Sa Gloire, ou de son déclin,
Le témoin, n'est pas là —

Pendant que je statue — les Pétales Solennels,
S'étendant loin au Nord — et loin à l'Est,
Loin au Sud et loin à l'Ouest —
Culminent — en Repos —

Et la Montagne au Soir
Ajuste Sa Mine —
Révélant, sans faire tressaillir un Muscle —
Son Expérience —

683 The soul unto itself
Is an imperial friend, —
Or the most agonizing spy
An enemy could send.

Secure against its own,
No treason it can fear;
Itself its sovereign, of itself
The soul should stand in awe.

*

686 They say that "time assuages", —
Time never did assuage;
An actual suffering strengthens,
As sinews do, with age.
Time is a test of trouble,
But not a remedy.
If such it prove, it prove too
There was no malady.

683 L'Âme est pour elle-même
Un ami royal —
Ou l'Espion le plus atroce —
Qu'un Ennemi — pourrait envoyer —

À l'abri d'elle-même —
Pas de trahison à craindre —
Étant — son propre — Souverain
L'Âme doit être sur le Qui-Vive —

*

686 On dit que « le Temps apaise » —
Le Temps jamais n'apaise —
Une souffrance aujourd'hui devient
Comme les Muscles, plus tendus, demain —

Le Temps est un Jeu de Vilains —
Pas un Remède —
S'il en donne la preuve, il prouve aussi
Qu'il n'y avait pas de Mal —

Victory comes late,
And is held low to freezing lips
Too rapt with frost
To take it.
How sweet it would have tasted,
Just a drop!
Was God so economical?
His table's spread too high for us
Unless we dine on tip-toe.
Crumbs fit such little mouths,
Cherries suit robins;
The eagle's golden breakfast
Strangles them.
God keeps his oath to sparrows,
Who of little love
Know how to starve!

La Victoire vient tard —
Et descend sur des lèvres qui gèlent —
Trop figées par le froid
Pour la prendre —
Qu'il aurait été doux de la goûter —
Juste un Doigt —
Dieu était-il si avare ?
Sa Table est servie trop haut pour Nous —
À moins que l'On dîne sur la pointe des pieds —
Pour de si petites bouches — des miettes —
Pour les Rouges-Gorges — des cerises —
Le Royal Déjeuner de l'Aigle Les étouffe —
Dieu tient Sa Promesse aux Moineaux —
Son peu d'Amour — les fait crever de faim —

692 The sun kept setting, setting still ;
No hue of afternoon
Upon the village I perceived, —
From house to house't was noon.

The dusk kept dropping, dropping still ;
No dew upon the grass,
But only on my forehead stopped,
And wandered in my face.

My feet kept drowsing, drowsing still,
My fingers were awake ;
Yet why so little sound myself
Unto my seeming make ?

How well I knew the light before !
I could not see it now.
'T is dying, I am doing ; but
I'm not afraid to know.

692 Le Soleil se couchait — se couchait — toujours
Aucune Teinte d'Après-Midi —
Sur le Village que je voyais —
De Maison en Maison il était Midi —

Le Soir tombait — tombait — toujours
Aucune Rosée sur l'Herbe —
C'est sur mon Front qu'elle faisait halte —
Avant d'errer sur mon Visage —

Mes Pieds s'engourdissaient — s'engourdissaient
— toujours
Mes doigts étaient sur le qui-vive —
Alors pourquoi ai-Je — l'Apparence
De faire si peu de bruit ?

Avant je connaissais bien la Lumière —
Je m'en aperçois maintenant —
Ce qui m'arrive — c'est que je Meurs — mais ça
Je n'ai pas peur de le savoir —

701 A thought went up my mind to-day
That I have had before,
But did not finish, — some way back,
I could not fix the year,

Nor where it went, nor why it came
The second time to me,
Nor definitely what it was,
Have I the art to say.

But somewhere in my soul, I know
I've met the thing before;
It just reminded me — 't was all —
And came my way no more.

701 Aujourd'hui m'est venue à l'esprit une Pensée —
Que j'ai déjà eue —
Il y a un moment — une pensée avortée —
Je ne sais plus en quelle Année —

Ni où elle est partie — ni pour quelle raison
Elle est revenue —
Ce qu'elle était, vraiment —
Je n'ai pas l'Art de le dire —

Mais quelque part — dans mon Âme — je sais —
Que j'ai déjà rencontré cette Chose —
Qui s'est rappelée à moi — c'est tout —
Et n'a plus croisé mon chemin —

712 Because I could not stop for Death,
He kindly stopped for me;
The carriage held but just ourselves
And Immortality.

We slowly drove, he knew no haste,
And I had put away
My labor, and my leisure too,
For his civility.

We passed the school where children played,
Their lessons scarcely done;
We passed the fields of gazing grain,
We passed the setting sun.

We paused before a house that seemed
A swelling of the ground;
The roof was scarcely visible,
The cornice but a mound.

Since then't is centuries; but each
Feels shorter than the day
I first surmised the horses' heads
Were toward eternity.

712 Comme je ne pouvais m'arrêter pour la Mort —
Elle s'est gentiment arrêtée pour moi —
Dans l'Attelage, seulement Nous Deux —
Et l'Immortalité.

Nous conduisions lentement — rien ne La pressait
J'avais mis de côté
Mes pensums, mes passe-temps aussi,
Vu Sa Civilité —

Nous avons passé l'École, où les Enfants se disputaient
Dans un Coin — de la Cour —
Nous avons passé les Champs de Blé Levé —
Nous avons passé le Soleil Couchant —

Ou plutôt — Lui nous a passées —
Les Gouttes de Rosée étaient tremblantes et glacées —
Pour seuls Fils de la Vierge, ma Robe —
Ma Pèlerine — pour seul Tulle —

Nous nous sommes arrêtées devant une Maison
Qui semblait un Renflement du Sol —
Le Toit était à peine visible —
La Corniche — Enfouie —

Depuis lors — des Siècles — mais chacun
Est moins long que le Jour où pour la première fois
J'ai soupçonné que les Têtes des Chevaux
Guettaient l'Éternité —

718 I meant to find her when I came ;
Death had the same design ;
But the success was his, it seems,
And the discomfit mine.

I meant to tell her how I longed
For just this single time ;
But Death had told her so the first,
And she had hearkened him.

To wander now is my abode ;
To rest, — to rest would be
A privilege of hurricane
To memory and me.

718 Je pensais La trouver quand je suis venue —
La Mort — avait la même idée —
Mais Elle a été — plus Heureuse — voilà —
Et Moi — Déconfite —

Je pensais Lui dire combien j'attendais
Ce moment-là précisément —
Mais la Mort le Lui a dit la première —
Et elle est partie, avec Elle —

À présent — l'errance — est mon Toit —
Le repos — le repos serait
Un privilège d'Ouragan
Pour ma Mémoire — et Moi.

726 We thirst at first, — 't is Nature's act;
And later, when we die,
A little water supplicate
Of fingers going by.

It intimates the finer want,
Whose adequate supply
Is that great water in the west
Termed immortality.

726 Nous avons d'abord soif — c'est Acte de Nature —
Et plus tard — quand nous mourons —
Nous supplions pour un peu d'Eau —
Les doigts qui passent —

Cela suggère le désir plus pur —
Dont la nourriture adéquate
Est cette Grande Eau à l'Ouest —
Qu'on appelle Immortalité —

739 I many times thought peace had come,
When peace was far away ;
As wrecked men deem they sight the land
At centre of the sea,

And struggle slacker, but to prove,
As hopelessly as I,
How many the fictitious shores
Before the harbor lie.

*

744 Remorse is memory awake,
Her companies astir, —
A presence of departed acts
At window and at door.

It's past set down before the soul,
And lighted with a match,
Perusal to facilitate
Of its condensed despatch.

Remorse is cureless, — the disease
Not even God can heal ;
For't is his institution, —
The complement of hell.

39 J'ai souvent pensé que la Paix était là
Quand la Paix était loin —
Comme les Naufragés — qui croient voir la Terre —
Au Milieu de l'Océan —

Et tirent au flanc — pour se retrouver
Aussi désespérés que moi —
Que de Rivages fictifs —
Avant le Port —

*

44 Le Remords — est la Mémoire — éveillée —
Ses Partisans sur le qui-vive —
La Présence d'Actes Disparus —
À la fenêtre — et à la Porte —

Le Passé — calé devant l'Âme
À la flamme d'une Allumette —
À l'examen — pour faciliter —
Et pour renforcer la Croyance —

Le Remords est sans remède — le Mal
Que même Dieu — ne peut guérir —
Car c'est Sa chose — Il l'a créée
Adéquate à l'Enfer —

747 It dropped so low in my regard
I heard it hit the ground,
And go to pieces on the stones
At bottom of my mind;

Yet blamed the fate that fractured, less
Than I reviled myself
For entertaining plated wares
Upon my silver shelf.

747 Tombé si bas — dans mon Estime —
Que ça s'est brisé sur le Sol —
Et que j'ai entendu les morceaux
Sur les Pierres au fond de ma Tête —

Moins blâmé le Sort qui l'a mis en pièces
Que méprisé Moi-Même,
D'admettre de la Pacotille
Sur mon Rayon d'Argent —

764 Presentiment is that long shadow on the lawn
Indicative that suns go down;
The notice to the startled grass
That darkness is about to pass.

764 La Prescience — est cette Ombre longue — sur
la Pelouse —
Qui dit que les Soleils se couchent —

La Notification à l'Herbe alarmée
Que le Noir — est sur le point de passer —

784 Bereaved of all, I went abroad,
No less bereaved to be
Upon a new peninsula, —
The grave preceded me,

Obtained my lodgings ere myself,
And when I sought my bed,
The grave it was, reposed upon
The pillow for my head.

I waked, to find it first awake,
I rose, — it followed me;
I tried to drop it in the crowd,
To lose it in the sea,

In cups of artificial drowse
To sleep its shape away, —
The grave was finished, but the spade
Remained in memory.

84 Privée de tout, je suis sortie —
Et j'étais tout autant privée
Sur une Péninsule Nouvelle —
La Tombe m'y a précédée —

A occupé ma Chambre, avant moi —
Et quand j'ai cherché mon Lit —
C'était la Tombe qui reposait
Sur mon Oreiller —

Je me suis réveillée, elle l'était déjà —
Je me suis levée — elle m'a suivie —
J'ai tenté de la lâcher dans la Foule —
De la perdre dans la Mer —

Dans des Coupes de Narcotique
J'ai fait infuser sa forme —
La Tombe — j'en suis venue à bout — mais la Pelle
Est restée fichée dans ma Mémoire —

813 This quiet Dust was Gentlemen and Ladies,
    And Lads and Girls ;
Was laughter and ability and sighing,
    And frocks and curls.
This passive place a Summer's nimble mansion,
    Where Bloom and Bees
Fulfilled their Oriental Circuit,
    Then ceased like these.

*

816 A death-blow is a life-blow to some
Who, till they died, did not alive become ;
Who, had they lived, had died, but when
They died, vitality begun.

813 Cette Poussière tranquille était Messieurs et Dames
Et Garçons et Filles —
Était rire et talents et Soupirs
Et Robes et Boucles.

Ce Lieu Vacant une demeure agile de l'Été
Où Fleurs et Abeilles
Forment un Circuit Oriental
Puis cessent — comme eux —

*

816 Un coup Mortel est un coup Vivant pour Certains
Qui jusqu'à leur mort, n'ont jamais vécu —
Qui s'ils avaient vécu, seraient morts mais quand
C'est arrivé, a commencé la Vie.

875 I stepped from plank to plank
So slow and cautiously ;
The stars about my head I felt,
About my feet the sea.

I knew not but the next
Would be my final inch, —
This gave me that precarious gait
Some call experience.

Je marchais de Planche en Planche
Avec lenteur et prudence
Je sentais les Étoiles autour de ma Tête,
Autour de mes Pieds la Mer.

J'ignorais que le prochain pas
Serait le dernier —
Ce qui me donnait cette Démarche précaire
Que certains appellent Expérience.

917 Love is anterior to life,
    Posterior to death,
Initial of creation, and
    The exponent of earth.

917 L'Amour — est antérieur à la Vie —
Postérieur — à la Mort —
Le Paraphe de la Création, et
L'Exposant de la Terre —

937 I felt a cleavage in my mind
    As if my brain had split ;
I tried to match it, seam by seam,
    But could not make them fit.

The thought behind I strove to join
    Unto the thought before,
But sequence ravelled out of reach
    Like balls upon a floor.

937 J'ai senti un Accroc dans mon Esprit —
Comme si mon Cerveau s'était déchiré —
J'ai tenté de faire — Reprise sur Reprise —
Mais les pièces ne s'ajustaient pas.

J'ai lutté pour enchaîner une pensée
À la pensée suivante —
Mais j'ai perdu le Fil qui s'est emmêlé
Comme des Pelotes — Sur le Sol.

976 Death is a dialogue between
The spirit and the dust.
"Dissolve," says Death. The Spirit, "Sir,
I have another trust."

Death doubts it, argues from the ground.
The Spirit turns away,
Just laying off, for evidence,
An overcoat of clay.

976 La Mort est un Dialogue entre
L'Esprit et la Poussière.
« Dissous-toi », dit la Mort — l'Esprit « Madame
J'ai une autre Espérance » —

La Mort en doute — Reprend sa Plaidoirie —
L'Esprit lui tourne le dos
Laissant simplement pour preuve
Un Manteau d'Argile.

985 The missing All prevented me
From missing minor things.
If nothing larger than a World's
Departure from a hinge,
Or Sun's extinction be observed,
'T was not so large that I
Could lift my forehead from my work
For curiosity.

Tout Rater — M'a empêchée
De rater les petites Choses.
S'il n'y a rien eu de plus à Noter
Que quitter le Monde sur un Gond
Ou que l'extinction du Soleil
Ce n'était pas à noter au point
De lever le Front de mon ouvrage
Par Curiosité.

995 This was in the white of the year,
That was in the green,
Drifts were as difficult then to think
As daisies now to be seen.

Looking back is best that is left,
Or if it be before,
Retrospection is prospect's half,
Sometimes almost more.

*

999 Superfluous were the sun
When excellence is dead ;
He were superfluous every day,
For every day is said

That syllable whose faith
Just saves it from despair,
And whose "I'll meet you" hesitates —
If love inquire, "Where ?"

Upon his dateless fame
Our periods may lie,
As stars that drop anonymous
From an abundant sky.

995 Une chose dans le Blanc de l'Année —
Une autre dans le Vert —
Prévoir les congères était aussi dur
Qu'à présent voir les Pâquerettes —
Le meilleur du regard, ce qui est derrière
Ou s'il en est devant —
Souvenir est moitié de Perspective,
Parfois, presque plus.

*

999 Inutile était le Soleil
Après la mort de l'Excellence
Il était inutile chaque Jour
Car chaque Jour pouvait être dite

Cette syllabe dont la Foi
Épargne le Désespoir
Dont le « Je te reverrai » hésite
Quand l'Amour demande « Où ? »

Sur Sa Gloire éternelle
Nos Périodes peuvent se reposer
Comme les Étoiles qui tombent anonymes
D'un ciel d'abondance.

1026 The dying need but little, dear, —
A glass of water's all,
A flower's unobtrusive face
To punctuate the wall,

A fan, perhaps, a friend's regret,
And certainly that one
No color in the rainbow
Perceives when you are gone.

*

1030 That such have died enables us
The tranquiller to die;
That such have lived, certificate
For immortality.

1026 Les Mourants se contentent de peu, Chère,
Un Verre d'Eau suffit,
Le Visage discret d'une Fleur
Pour habiller le Mur,

Un Éventail peut-être, le Regret d'un Ami
Et la Certitude que quelqu'un
Ne verra plus dans l'Arc-en-ciel
Aucune couleur, quand tu seras partie.

*

1030 Que Ceux-là soient morts
Nous mourrons plus tranquilles —
Que Ceux-là aient vécu,
Certificat d'Immortalité.

1052 I never saw a moor,
I never saw the sea ;
Yet know I how the heather looks,
And what a wave must be.

I never spoke with God,
Nor visited in heaven ;
Yet certain am I of the spot
As if the chart were given.

*

1055 The soul should always stand ajar.
That if the heaven inquire,
He will not be obliged to wait,
Or shy of troubling her.

Depart, before the host has slid
The bolt upon the door,
To seek for the accomplished guest —
Her visitor no more.

1052 Je n'ai jamais vu de Lande —
Je n'ai jamais vu la Mer —
Pourtant je sais à quoi ressemble la Bruyère
Et ce qu'est une Vague.

Je n'ai jamais parlé à Dieu
Ni visité le Ciel —
Pourtant je suis aussi sûre du lieu
Que si j'en avais la Carte —

*

1055 L'Âme doit toujours être entrebâillée
De façon que si le Ciel enquête
Il ne soit pas obligé d'attendre
Ou craignant de La troubler

Parte avant que l'Hôte ait glissé
La Clef dans la Porte —
À force de chercher l'Invité parfait,
Plus de Visiteur —

1065 Let down the bars, O Death !
The tired flocks come in
Whose bleating ceases to repeat,
Whose wandering is done.

Thine is the stillest night,
Thine the securest fold ;
Too near thou art for seeking thee,
Too tender to be told.

1065 Abaisse les Barrières, Oh Mort —
Les Troupeaux fatigués rentrent
Dont on n'entend plus le bêlement
Dont l'errance est suspendue —

À toi la nuit la plus calme
À toi le Bercail le plus sûr
Trop proche pour qu'on Te cherche
Trop tendre pour être dite.

1067 Except the smaller size, no Lives are round,
These hurry to a sphere, and show, and end.
The larger, slower grow, and later hang —
The Summers of Hesperides are long.

1067 Aucune vie n'est ronde sauf les plus menues —
Qui font vite une sphère et se montrent et
s'achèvent —
Les plus grandes — poussent plus lentement et
plus tard pendent —
Les Étés des Hespérides durent longtemps.

1075 The sky is low, the clouds are mean,
A travelling flake of snow
Across a barn or through a rut
Debates if it will go.

A narrow wind complains all day
How some one treated him ;
Nature, like us, is sometimes caught
Without her diadem.

*

1078 The bustle in a house
The morning after death
Is solemnest of industries
Enacted upon earth, —

The sweeping up the heart,
And putting love away
We shall not want to use again
Until eternity.

1075 Le Ciel est bas — les Nuages maigres.
Un Flocon de Neige en Voyage
Se demande s'il doit traverser
La Grange ou l'Ornière —

Un Vent Étroit ne cesse de se plaindre
Qu'on lui a fait quelque chose
La Nature comme Nous est parfois saisie
Sans son Diadème.

*

1078 S'Affairer le Lendemain
Dans la Maison d'un Défunt
Sur Terre ne nous incombe pas
Tâche plus solennelle —

Balayer le Cœur avec soin
Mettre l'Amour de côté
Nous ne nous en servirons plus
Avant l'Éternité.

1081 Superiority to fate
    Is difficult to learn.
'T is not conferred by any,
    But possible to earn

A pittance at a time,
    Until, to her surprise,
The soul with strict economy
    Subsists till Paradise.

*

1084 At half-past three a single bird
Unto a silent sky
Propounded but a single term
Of cautious melody.

At half-past four, experiment
Had subjugated test,
And lo ! her silver principle
Supplanted all the rest.

At half-past seven, element
Nor implement was seen,
And place was where the presence was,
Circumference between.

1081 Dominer le Destin
Est difficile à apprendre
Ce n'est pas donné à Tout le monde
Mais on peut gagner

Quelques miettes chaque jour
Si bien qu'à Sa surprise
L'Âme vraiment économe
Subsiste jusqu'au Paradis.

*

1084 À Trois Heures et demie, un seul Oiseau
Sous un Ciel silencieux
N'a tenté qu'un seul accord
De prudente mélodie.

À Quatre Heures et demie, l'Expérience
A mis fin à l'essai
Et, voyez, Son Principe argentin
A supplanté tout le reste.

À Sept Heures et demie, plus rien de visible
Ni Élément, ni Ustensile —
À la place de la Présence un Lieu
Et la Circonférence entre.

1099 My cocoon tightens, colors tease,
I'm feeling for the air;
A dim capacity for wings
Degrades the dress I wear.

A power of butterfly must be
The aptitude to fly,
Meadows of majesty concedes
And easy sweeps of sky.

So I must baffle at the hint
And cipher at the sign,
And make much blunder, if at last
I take the clew divine.

1099 Mon Cocon me serre — les Couleurs me taquinent —
J'aspire à l'Air —
Une vague envie d'Ailes
Titille la Robe que je porte —

Pouvoir de Papillon sans doute —
L'Aptitude à voler
Suppose des Champs de Majesté
Ou de tranquilles Versants de Ciel —

Aussi je dois dépister l'Indice
et sonder le Signe
Et mettre les pieds dans le plat, si enfin
Je trouve le fil divin —

1100 The last night that she lived,
It was a common night,
Except the dying ; this to us
Made nature different.

We noticed smallest things, —
Things overlooked before,
By this great light upon our minds
Italicized, as't were.

That others could exist
While she must finish quite,
A jealousy for her arose
So nearly infinite.

We waited while she passed ;
It was a narrow time,
Too jostled were our souls to speak,
At length the notice came.

She mentioned, and forgot ;
Then lightly as a reed
Bent to the water, shivered scarce,
Consented, and was dead.

And we, we placed the hair,
And drew the head erect ;
And then an awful leisure was,
Our faith to regulate.

1100 Sa dernière Nuit de vivante
C'était une Nuit comme les Autres
Sauf qu'elle Mourait — et cela
Changeait pour Nous l'aspect des Choses

Nous remarquions les plus menues —
Auparavant inaperçues
Cette grande clarté sur nos Esprits
Les mettait — comme en italique.

Comme Nous allions et venions
Entre Sa Chambre finale
Et les Chambres où Ceux qui seraient
Vivants demain étaient, un Blâme

À l'idée que les Autres pussent vivre
Alors que tout était fini pour Elle
Une Jalousie dans l'air envers Elle
Si proche de l'infini —

Nous avons attendu qu'Elle franchisse le pas —
Un moment étroit — Nos Âmes —
Trop bousculées pour parler
Enfin l'avis est arrivé.

Elle en a pris note et l'a oublié —
Puis aussi légère qu'un Roseau
Penché sur l'Eau, s'est à peine débattue —
A consenti, et elle est morte —

Et Nous — Nous avons arrangé les Cheveux —
Et mis la Tête droite —
Puis il n'est plus resté que le terrifiant loisir
De gendarmer la Foi —

1135 Too cold is this
To warm with sun,
Too stiff to bended be,
To joint this agate were a feat
Outstaring masonry.
How went the agile kernel out —
Contusion of the husk,
Nor rip, nor wrinkle indicate, —
But just an Asterisk.

Trop froid
Pour se réchauffer au Soleil —
Trop raide pour être plié,
Enchâsser cette Agate était un travail —
Qui défiait la Maçonnerie —

Comment le Grain Agile est sorti
De la meurtrissure de la Cosse
Ni déchirure, ni ride ne l'indiquent
Mais un simple Astérisque.

1138 A spider sewed at night
Without a light
Upon an arc of white.

If ruff it was of dame
Or shroud of gnome,
Himself, himself inform.

Of immortality
His strategy
Was physiognomy.

1138 Une Araignée tissait la Nuit
Sans Lumière
Sur un Arc de Blanc.

Collerette de Dame
Ou Suaire de Gnome
Elle seule le savait.

De l'Immortalité
Sa Stratégie
Était la Physionomie.

1147 After a hundred years
Nobody knows the place, —
Agony, that enacted there,
Motionless as peace.

Weeds triumphant ranged,
Strangers strolled and spelled
At the lone orthography
Of the elder dead.

Winds of summer fields
Recollect the way, —
Instinct picking up the key
Dropped by memory.

*

1149 I noticed people disappeared,
When but a little child, —
Supposed they visited remote,
Or settled regions wild.

Now know I they both visited
And settled regions wild,
But did because they died, — a fact
Withheld the little child !

1147 Cent ans plus tard
Personne ne reconnaît l'Endroit
L'Agonie qui s'est figée là
Immobile comme la Paix

Les herbes ont triomphé partout
Des Inconnus se sont penchés
Sur l'Orthographe indéchiffrable
Des Aînés Morts

Les vents des Champs d'Été
Se souviennent du chemin —
L'intuition retrouvant la Clef
Perdue par la mémoire —

*

1149 Je voyais des Gens disparaître
Quand j'étais petite —
Je les croyais partis en visite
Ou installés Ailleurs —
À présent je sais — Qu'ils faisaient les deux
Partaient en visite et s'installaient Ailleurs
Mais qu'ils le faisaient parce qu'ils mouraient
Une Chose qu'ignorait la petite —

1159 Great streets of silence led away
To neighborhoods of pause;
Here was no notice, no dissent,
No universe, no laws.

By clocks't was morning, and for night
The bells at distance called;
But epoch had no basis here,
For period exhaled.

1159 De grandes Rues de silence menaient
À des Voisinages de Pause —
Ici pas de Notice — pas d'Objection
Pas d'Univers — pas de Lois —

Aux Horloges — c'était le Matin, et la Nuit
Était signalée par les Cloches au Loin —
Mais l'Époque ici ne pouvait faire souche
Car la Durée rendait l'âme.

1172 The clouds their backs together laid,
The north begun to push,
The forests galloped till they fell,
The lightning skipped like mice ;
The thunder crumbled like a stuff —
How good to be safe in tombs,
Where nature's temper cannot reach,
Nor vengeance ever comes !

*

1180 "Remember me," implored the Thief —
Oh magnanimity !
"My Visitor in Paradise
I give thee Guaranty."

That courtesy will fair remain,
When the delight is dust,
With which we cite this mightiest case
Of compensated Trust.

Of All, we are allowed to hope,
But Affidavit stands
That this was due, where some, we fear,
Are unexpected friends.

1172 Les Nuages étaient Dos à Dos
Le Nord a commencé à pousser
Les Forêts galopaient tellement qu'elles tombaient
La Foudre jouait comme des souris

Le Tonnerre s'effilochait comme une étoffe
Qu'il est bon d'être dans les Tombes
Où ne parviennent ni les Éclats de la Nature
Ni jamais aucun projectile.

*

1180 « Souviens-toi de moi » implorait le Voleur !
Oh Hospitalité !
Je garantis que tu seras mon Hôte
« Aujourd'hui en Paradis ».

Cette belle Promesse demeurera
Quand le Délice sera la Poussière
Citée comme cas le plus célèbre
D'Espoir compensé.

De tout ce que nous pouvons espérer
La clause est certifiée sous Serment
Que là où nous craignons le plus
Sont des Amis inattendus.

1188 'Twas fighting for his Life he was —
That sort accomplish well —
The Ordnance of Vitality
Is frugal of its Ball.
It aims once-kills once-conquers once —
There is no second War
In that Campaign inscrutable
Of the Interior.

1188 Lutter pour sa Vie c'était ce qu'il faisait —
Cela se passe très bien —
La Bouche à Feu de la Vitalité
Est économe de son Boulet.

Vise une fois — tire une fois — conquiert une fois —
Il n'y a pas de seconde Guerre
Dans cette impénétrable Campagne
De l'Intérieur.

1216 A deed knocks first at thought,
And then it knocks at will.
That is the manufacturing spot,
And will at home and well.

It then goes out an act,
Or is entombed so still
That only to the ear of God
Its doom is audible.

1216 Un Acte frappe d'abord chez la Pensée
Et puis — il frappe chez la Volonté —
C'est la manufacture
Bien-Être et Demeure de la Volonté

Qui produit une Action
Ou l'enterre en catimini
Si bien qu'à l'oreille de Dieu seul
Est sensible son Malheur —

1243 Safe Despair it is that raves,
Agony is frugal,
Puts itself severe away
For its own perusal.

Garrisoned no Soul can be
In the front of Trouble,
Love is one, not aggregate,
Nor is Dying double.

1243 Le Désespoir à bon port, c'est ce qui fait rage —
L'Agonie est frugale.
Se range avec sévérité
Pour sa propre lecture.

Aucune Âme n'est en garnison
En Face du Trouble —
L'Amour n'est pas un rassemblement —
Ni Mourir double —

1247 To pile like Thunder to its close,
Then crumble grand away,
While everything created hid —
This would be Poetry :
Or Love, — the two coeval came —
We both and neither prove,
Experience either, and consume —
For none see God and live.

1247 Aller au bout de la menace comme le Tonnerre
Puis se fissurer dans le fracas
Pendant que Toute Chose créée se cache
Cela — peut être Poésie —

Ou Amour — les deux font la paire —
On prouve sans prouver qu'on prouve —
L'Expérience et on s'y brûle —
Car Nul ne peut voir Dieu et rester en vie —

1304 Not with a club the heart is broken,
Nor with a stone;
A whip, so small you could not see it,
I've known

To lash the magic creature
Till it fell,
Yet that whip's name too noble
Then to tell.

Magnanimous of bird
By boy descried,
To sing unto the stone
Of which it died.

Shame need not crouch
In such an earth as ours,
Shame, stand erect,
The universe is yours.

1304 Ce n’est pas avec un Gourdin qu’on brise le Cœur
Ni avec une Pierre —
Je l’ai vu
Un Fouet, petit au point d’être invisible

Cingler la Créature Magique
Jusqu’à ce qu’elle tombe,
Pourtant le Nom de ce Fouet
Trop noble pour le dire.

Magnanime comme l’Oiseau
Visé par l’Enfant —
Chantant sous la Pierre
Dont il meurt —

La Honte n’a pas à ramper
Sur une Terre comme la Nôtre —
La Honte — debout —
L’Univers t’appartient.

1307 That short, potential stir
That each can make but once,
That bustle so illustrious
'T is almost consequence,

Is the *éclat* of death.
Oh, thou unknown renown
That not a beggar would accept,
Had he the power to spurn !

1307 Ce bref — mouvement possible
Que chacun n'accomplit qu'une fois —
Ce fameux Remue-Ménage
Presque une Conséquence —

C'est *l'éclat* de la Mort —
Oh toi, Renommée inconnue
Que pas un Mendiant n'accepterait
S'il avait pouvoir de mépris —

1359 The long sigh of the Frog
Upon a Summer's day,
Enacts intoxication
Upon the revery.
But his receding swell
Substantiates a peace,
That makes the ear inordinate
For corporal release.

1359 Le long soupir de la Grenouille
Un Jour d'Été
Distille l'ivresse
Sur le Passant —
Mais la diminution du Chant
Apporte une Paix
Qui rend l'Oreille inapte
Au repos du corps —

1393 Lay this laurel on the one
Too intrinsic for renown.
Laurel ! veil your deathless tree, —
Him you chasten, that is he !

*

1397 It sounded as if the streets were running,
And then the streets stood still.
Eclipse was all we could see at the window,
And awe was all we could feel.

By and by the boldest stole out of his covert,
To see if time was there.
Nature was in her beryl apron,
Mixing fresher air.

1393 Pose ce Laurier sur Celui qui est
Trop intrinsèque pour la Renommée —
Laurier — incline ton arbre immortel —
Celui que tu châties, c'est Lui !

*

1397 C'était comme si les Rues couraient
Et pourtant — les Rues étaient immobiles —
L'Éclipse — tout ce qu'on voyait de la Fenêtre
Et la Terreur — tout ce qu'on ressentait.

Après — le plus hardi s'est risqué Dehors
Pour voir si le Temps était là —
La Nature était en Tablier d'Opale,
Brassant un Air plus frais.

1425 The inundation of the Spring
Submerges every soul,
It sweeps the tenement away
But leaves the water whole.
In which the Soul, at first alarmed,
Seeks furtive for its shore,
But acclimated, gropes no more
For that Peninsular.

1425 L'inondation du Printemps
Agrandit chaque âme —
Elle emporte l'habitation
Mais laisse toute l'Eau —

Dans laquelle l'âme d'abord noyée —
Cherche à tâtons le rivage
Mais acclimatée — ne se languit plus
De cette Péninsule —

1470 The sweets of Pillage can be known
To no one but the Thief,
Compassion for Integrity
Is his divinest Grief.

1470 Les Douceurs du Pillage,
Ne sont connues que du Voleur —
La nostalgie de la Droiture
Est son Fiasco le plus divin —

1516 No Autumn's intercepting chill
Appalls this Tropic Breast,
But African exuberance
And Asiatic Rest.

1516 Aucun Gel avant-coureur d'Automne
N'épouvante ce Sein Tropical —
Mais une Exubérance d'Afrique
Et un calme d'Asie.

1523 We never know we go, — when we are going
We jest and shut the door;
Fate following behind us bolts it,
And we accost no more.

523 Nous ne savons jamais que nous partons quand c'est l'heure —
Nous raillons et fermons la Porte —
Le Destin — qui suit — la verrouille derrière nous —
Et nous ne touchons plus terre —

Each that we lose takes part of us;
A crescent still abides,
Which like the moon, some turbid night,
Is summoned by the tides.

Chaque ami perdu prend une part de nous-mêmes ;
Un croissant attend toujours,
Qui tel la lune, en quelque nuit trouble,
Est convoqué par les marées.

1619 Not knowing when the dawn will come
I open every door;
Or has it feathers like a bird,
Or billows like a shore?

*

1622 A sloop of amber slips away
Upon an ether sea,
And wrecks in peace a purple tar,
The son of ecstasy.

1619 Sans savoir quand l'Aube viendra,
J'ouvre chaque Porte,
Aura-t-elle des Plumes, comme un Oiseau,
Ou des Rouleaux, comme un Rivage —

*

1622 Une Voile d'Ambre s'éloigne en glissant
Sur une Mer d'Éther,
Et sombre en Paix un Bourlingueur Pourpre,
Le Fils de l'Extase —

1649 A cap of lead across the sky
Was tight and surly drawn,
We could not find the Mighty Face,
The figure was withdrawn.

A chill came up as from a shaft,
Our noon became a well,
A thunder storm combines the charms
Of Winter and of Hell.

1649 Une Calotte de Plomb dans le ciel
Était hermétique et hargneusement vissée
On ne voyait pas la Face terrible
Les Traits étaient escamotés —

Un Froid est monté comme une bouche d'air
Midi est devenu un puits
Un coup de Tonnerre combine les charmes
Des Frimas et de l'Enfer

1654 Beauty crowds me till I die,
Beauty, mercy have on me !
But if I expire today,
Let it be in sight of thee

*

1656 Down Time's quaint stream
Without an oar,
We are enforced to sail,
Our Port — a secret —
Our Perchance — a gale.
What Skipper would
Incur the risk,
What Buccaneer would ride,
Without a surety from the wind
Or schedule of the tide ?

1654 La Beauté m'assiège jusqu'à la mort
Beauté aie pitié de moi
Mais si j'expire aujourd'hui
Que ce soit sous tes yeux —

*

1656 Dans l'étrange courant du Temps
Sans aviron
Nous devons naviguer
Le Port un secret
L'Aventure une Rafale
Quel Capitaine
Courrait le Risque
Quel Boucanier ferait voile
Sans être sûr du Vent
Ou de l'horaire des Marées —

1674 Not any sunny tone
From any fervent zone
Finds entrance there.
Better a grave of Balm
Toward human nature's home,
And Robins near,
Than a stupendous Tomb
Proclaiming to the gloom
How dead we are.

1674 Aucune nuance de soleil
D'aucune zone ardente
Ne se faufile ici —
Mieux vaut une tombe de Baume
Près du foyer de la nature humaine
Et les Rouges-Gorges tout près —
Qu'une prodigieuse Sépulture
Proclamant devant les Ténèbres
Combien morts nous sommes —

1691 The overtakelessness of those
Who have accomplished Death,
Majestic to me beyond
The majesties of Earth.
The soul her "not at Home"
Inscribes upon the flesh,
And takes her fair aerial gait
Beyond the hope of touch.

*

1692 The right to perish might be thought
An undisputed right,
Attempt it, and the Universe upon the opposite
Will concentrate its officers —
You cannot even die,
But Nature and Mankind must pause
To pay you scrutiny.

1691 L'inaccessibilité de ceux
Qui ont connu la Mort
Est pour moi plus majestueuse
Que les majestés de la Terre

L'âme sur la chair
Inscrit son « Pas chez Moi » —
Et prend la belle allure aérienne
Qui la rend intouchable

*

1692 On pourrait penser que le droit de périr
Est un droit incontesté
Attaquez-le, et l'Univers
Sur l'autre versant
Concentrera ses troupes —
On ne peut même pas mourir
La nature et le genre humain doivent faire une pause
Pour vérifier les comptes —

1695 There is a solitude of space,
A solitude of sea,
A solitude of death, but these
Society shall be,
Compared with that profounder site,
That polar privacy,
A Soul admitted to Itself :
Finite Infinity.

1695 Il y a une solitude de l'espace
Une solitude de la mer
Une solitude de la mort, mais toutes
Seront jeux de société en face
De ce site plus profond
De cette intimité polaire
Où une âme se boucle avec elle-même —
Infinité finie.

1703 'T was comfort in her dying room
To hear the living clock,
A short relief to have the wind
Walk boldly up and knock,
Diversion from the dying theme
To hear the children play,
But wrong, the mere
That these could live, —
And This of ours must die !

1703 C'était réconfortant dans sa Chambre de Mourante
D'entendre l'Horloge vivante —
Un court répit d'écouter le vent
Marcher hardiment et frapper à la porte —
Une diversion au Thème Funèbre
Entendre les enfants jouer —
Mais d'autant plus faux
Qu'eux pouvaient vivre
Et qu'elle devait *mourir* —

1718 Drowning is not so pitiful
As the attempt to rise.
Three times,'t is said, a sinking man
Comes up to face the skies,
And then declines forever
To that abhorred abode
Where hope and he part company, —
For he is grasped of God.
The Maker's cordial visage,
However good to see,
Is shunned, we must admit it,
Like an adversity.

1718 Se noyer est moins pitoyable
Que tenter de faire surface.
Trois fois, dit-on, un homme qui sombre
Remonte pour faire face aux cieux,
Puis s'enfonce à jamais
Dans cette demeure abhorrée,
Où l'espoir et lui se faussent compagnie —
Car il est empoigné par Dieu.
La face cordiale du Créateur,
Aussi agréable soit-elle à regarder,
Est évitée, il faut l'admettre,
Comme un malheur.

1724 How dare the robins sing,
When men and women hear
Who since they went to their account
Have settled with the year !—
Paid all that life had earned
In one consummate bill,
And now, what life or death can do
Is immaterial.
Insulting is the sun
To him whose mortal light,
Beguiled of immortality,
Bequeaths him to the night.
In deference to him
Extinct be every hum,
Whose garden wrestles with the dew,
At daybreak overcome !

1724 Comment les rouges-gorges osent-ils chanter,
Quand les hommes et les femmes entendent
Celui qui, leur dette payée
A élu domicile à l'année ! —
Payé tout ce que la vie a gagné
Dans un seul bec consumé,
Et maintenant, ce que peuvent la vie ou la mort
Est négligeable.
Le soleil est une insulte
Envers lui dont la lumière mortelle
Trompée par l'immortalité
Est un legs à la nuit.
Que tous les babils se taisent
Par respect pour lui
Dont le jardin lutte avec la rosée,
Qui triomphe au point du jour !

1732 My life closed twice before its close;
It yet remains to see
If Immortality unveil
A third event to me,

So huge, so hopeless to conceive,
As these that twice befell.
Parting is all we know of heaven,
And all we need of hell.

1732 Ma vie s'est fermée deux fois avant de se fermer ;
Reste à savoir
Si l'Immortalité me réserve
Une troisième surprise,

Aussi accablante, aussi désespérante
Que celles qui me sont arrivées deux fois.
Partir est tout ce que l'on sait du ciel,
Et tout ce que l'on veut de l'enfer.

1742 The distance that the dead have gone
Does not at first appear;
Their coming back seems possible
For many an ardent year.

And then, that we have followed them
We more than half suspect,
So intimate have we become
With their dear retrospect.

*

1743 The grave my little cottage is,
Where, keeping house for thee,
I make my parlor orderly,
And lay the marble tea,

For two divided, briefly,
A cycle, it may be,
Till everlasting life unite
In strong society.

1742 La distance que les morts ont prise
N'apparaît pas d'emblée ;
Leur retour paraît possible
Et consume mainte année.

Et puis, nous nous doutons plus qu'à moitié,
Que nous les avons suivis,
Tellement nous sommes devenus intimes
Avec leur chère mémoire.

*

1743 La tombe est la chaumière,
Où m'Activant pour toi
Je mets en ordre mon salon
Et prépare le thé de marbre.

Pour deux séparés, pas longtemps,
Un cycle, peut-être,
Que la vie éternelle mettra
Vraiment face-à-face.

1755 To make a prairie it takes a clover and one bee, —
One clover, and a bee,
And revery.
The revery alone will do
If bees are few.

*

1758 Where every bird is bold to go,
    And bees abashless play,
The foreigner before he knocks
    Must thrust the tears away.

1755 Pour faire une prairie il faut un trèfle et une seule abeille,
Un seul trèfle, et une abeille,
Et la rêverie.
La rêverie seule fera l'affaire,
Si on manque d'abeilles.

*

1758 Où chaque oiseau est fier d'aller
Où les abeilles jouent sans contrainte,
L'étranger avant de frapper
Doit réprimer ses larmes.

POSTFACE

Notules sur Emily

1

« Si je ressens physiquement comme si le sommet de ma tête m'était arraché, je sais que c'est de la poésie. » La première fois que j'ai lu Dickinson, j'ai eu peur. Il y a plus de vingt ans, au bord de l'Aisne. Il m'a semblé que la rivière s'arrêtait de couler. Sur l'herbe de la grève, je voyais la silhouette de Suzette Dhôtel, coiffée d'un grand chapeau, les mains occupées à broder. Un napperon, peut-être, ou un mouchoir. Elle était là et elle brodait. Elle brodait depuis toujours. Sous le regard de Dickinson, elle était devenue la brodeuse. Passée de l'autre côté. C'est le tour favori d'Emily. Elle vous prend vivant là où vous êtes et elle vous fige dans le froid. Elle vous prend malgré vous et elle vous colle dans l'éternité. Moment atroce. L'opération est soudaine, le voyage instantané. Vous aurez tout loisir de réfléchir, après. De penser l'éternité. Est-ce un lieu, un état, une chose ?

2

Meudon. Un après-midi d'hiver. Du feu dans le vaste bureau de Pierre Leyris, tapissé de trésors de cuir, ses livres. Je lui ai apporté une poignée de poèmes. Pas simplement pour avoir son avis. Pour lui dire qu'ils me font peur. Lui non plus n'est pas rassuré. Me dit qu'il est dangereux de la fréquenter trop longtemps. Difficile de la traduire. À cause du ton. Passe pour le sens, obscur (parle-t-elle d'une tarte, de son chien, de l'éternité) mais le ton. Comment rendre le ton ?

Il farfouille dans un dossier et me tend trois poèmes en disant que depuis des années… des années… cette voix… ce ton… Regarde, celui-ci, peut-être…

Je lis les rouges-gorges, le Cravaté de Rouge (*The one in red Cravat*). Aujourd'hui je sais ce qu'est cette cravate. Tout simplement le sens. Non pas la balle (la signification) que le poème envoie dans le langage mais l'extra-balle (l'instance paradoxale). La cravate du juge, celle du condamné. La cravate est la même. Les deux ont la corde au cou. Non pas le Cravaté de Rouge, mais l'Étranglé de Rouge.

3

Autre après-midi, printanier celui-là, à la NRF d'Arland. Avec la même poignée de poèmes, recroquevillés sous l'œil de Dominique Aury qui m'administre pendant deux heures une leçon de traduction. Je n'ai pas une passion pour les fessées et je n'admire guère *Histoire d'O* pas plus côté pile (littéraire) que côté face (érotique).

Après-midi cependant utile. Avec ce genre de maîtresse, on apprend vite. J'ai donc appris que si je voulais traduire de la poésie, il me faudrait faire exactement le contraire de ce qui m'était dit. Réciter la leçon à l'envers. Fesser la fessée, en somme.

4

La Mort, donc. Question qui revient avec obstination, de face ou de dos, de biais ou à l'oblique, soleil qui se couche dans tous les poèmes, même ceux qui font semblant de parler d'autre chose. Non pas « Qu'est-ce que la mort ? », mais « que se passe-t-il quand on meurt ? »

Trois séries : avant — pendant — après. Pas de problème avant, pas de problème après (le Paradis est au choix). Pendant, c'est une autre paire de manches. Prendre des notes. Regarder. Écouter. Que voit-on, que dit-on, que fait-on ? La méthode employée par Dickinson est analogue à celle des botanistes (comparative) ou à celle des physiciens (expérimentale). Quelles données tirer de l'expérience de la mort des autres ? Ou : Quelles sont les données de l'expérience que l'on appelle la mort ? L'œuvre entière tente de répondre à cette double question : Que s'est-il passé ? Que va-t-il se passer ? Les poèmes de Dickinson ne sont pas autre chose qu'un versant de la logique du sens.

5

Distinguer d'abord la représentation (*Death*) de l'acte (*The Dying*). Je peux très bien me représenter la mort sous la forme que je veux. Je ne peux pas me représenter l'acte. Je l'accomplis. C'est très important pour Emily qui a compris qu'une représentation est quelque chose que l'on peut voler. Et si on en venait à me voler ma mort ? Et s'il venait à l'idée de Dieu, ce filou, ce banquier, cet escroc, de me la voler ? Car ce que la mort, comme représentation, rend manifeste, c'est un vol. L'objet volé : le genre. Mort(e), je ne suis plus un homme ou une femme, un il ou un elle, mais un It, une chose, un neutre.

Je ne dis pas « Il était chaud ou elle était chaude, d'abord » mais « C'était Chaud — d'abord — comme Nous ». Pas « Il est mort ou elle est morte » mais, en désignant la chose, en mettant le doigt sur le neutre, « C'est mort » (*It is dead*).

Cela implique, sous peine de non-sens, de forcer la langue d'arrivée autant que Dickinson a forcé la langue de départ, quelles que soient les bizarreries que cette torsion fait apparaître. Cela implique aussi d'utiliser le présent (ou le passé composé) plutôt que le passé simple qui est, en français, le temps noble du récit. Car la mort ne se raconte pas. On ne raconte pas plus la mort qu'on ne raconte un vol. On ne fait que constater. Qu'il s'agisse de ce qui m'arrive ou de ce que l'on me vole, il y a passage à l'acte (*It is dying I am doing/I am not afraid to know*). Ce que je tente de saisir, c'est l'événement lui-même.

Distinguer la représentation de l'acte permet à la poétesse qui questionne de ne pas se tromper de route, comme le font la plupart des poétesses que j'ai eu l'occasion de rencontrer, qui confondent la poésie et les concours de poésie.

Si je peux démontrer qu'il y a vol, j'ai résolu le problème. Je sais ce qui a été volé (le il ou le elle) et ce qui reste, ou ce qui est rendu (la chose, le ça). Disons pour simplifier que l'âme est partie (volée ou envolée) et qu'il reste le corps. Je sais quoi faire des deux. Des funérailles ici, des prières là.

Il en va tout autrement de l'Acte lui-même (*The Dying*). Si on peut me voler ma mort, on ne peut pas me voler l'acte de mourir. C'est moi qui meurs, et s'il y a quelque chose que l'on ne peut pas me voler, c'est bien cela : mon mourir.

Là est l'énigme (*the riddle*). À quel instant meurt-on ? La question posée n'est pas : « Quel est le sens de la Mort ? » Dans le monde puritain d'Amherst tout le monde sait répondre à cette question. Mais : « La mort, comme événement, fait-elle sens ? » L'acte de mourir, seul capable de tordre la syntaxe (*he-she-it*) comme il tord le corps et comme il tord l'âme, est-il le seul événement dont on puisse dire qu'il fait sens ?

6

Toute sa vie, Dickinson cherche la réponse à cette question. Elle la cherche dans la Bible, dans Shakespeare, dans l'Apocalypse. Elle la cherche dans les gentianes, chez les rouges-gorges, chez les merles, chez les abeilles, qui la délivrent du sens. Elle dit alors « Je trouve l'extase en vivant. La simple sensation de vivre est pure joie. » Mais l'extase ne dure pas. Pas plus que la sensation ou que la vie. Ce qui perdure, c'est la question. Perdure la suspension du sens. Et elle résout le problème à sa façon : par la syntaxe, par l'abstraction, par la ponctuation. On pourrait presque dire par les nombres.

7

Le tigre mourant de Dickinson. J'ai eu la cruauté de tirer sur un bouvreuil. Il n'était pas mort quand je suis arrivé. Je ne lui ai pas apporté d'eau, je l'ai achevé. Mais j'ai vu mon image dans sa rétine. Lui ne m'a pas vu. Il regardait, de ses extraordinaires yeux d'oiseau, un monde où je n'existais pas. Où mon être n'était jamais advenu, n'adviendrait jamais. L'oiseau mourant m'a réduit à rien. Le rien dont parle Heidegger. À lui la mort, à moi l'angoisse. Passons.

8

La syntaxe d'Emily Dickinson. Casse-tête pour ses traducteurs. Ce qu'il convient d'éviter : chercher à extraire le sens de ces strophes à la façon dont on extrait une dent. Le sens n'est pas aligné avec les autres dents — les mots, les phrases — sur la gencive du poème. Comprendre plutôt qu'il y a, dans la plupart des cas, quelque chose qui ressemble à une tentative de dissection.

On pèse (le cerveau), on estime, on évalue le prix (du possible), on met aux enchères (l'esprit humain), on compare ce qui est et ce qui doit être, ce qui s'est passé et ce qui va se passer. On passe contrat, on cède, on scelle, on notifie, on résilie (la chair, le corps, l'amour). Dans tous les cas, on note scrupuleusement ce qui se passe et dans quel ordre cela se passe.

Je dirai que les poèmes d'Emily Dickinson sont analogues à des salles de dissection. Ce qu'elle dissèque, bien sûr, c'est toujours l'acte. Elle se dit qu'à force de disséquer, elle finira bien par trouver ce qu'elle cherche. Elle s'obstine à vouloir disséquer l'insécable. Elle veut être à la fois Achille et la Tortue. Elle a compris que seul le mouvement lui donnerait la clef de l'énigme et elle s'acharne sur la flèche, comme Zénon, pour la rendre immobile dans l'instant.

Elle sent les funérailles dans sa tête. Elle entend une mouche voler quand elle meurt. Séquence insécable. Mais non, elle dissèque. Et puis, et puis, et puis…

Et puis dans ma Raison une Planche a craqué
Et je suis tombée bas, de plus en plus bas —
Et j'ai heurté un Monde, à chaque palier,
Et cessé de savoir — à ce moment-là —

Elle est victime d'un leurre. Ce qu'elle cherche n'est pas là où elle le cherche. Mais, en cherchant là, elle est toujours sur le point de savoir. Au moment où elle va percer l'énigme, tout disparaît. L'énigme s'évanouit en même temps que l'acte s'accomplit. Elle se dit toujours : « Cette fois-ci, je saurai, cette fois-ci, j'irai au bout. » Le lui garantit la mouche qu'elle entend bourdonner pendant qu'elle meurt. Mais elle ne va pas au bout. Elle perd de vue la vue (*I could not see to see*). En vue de la mort, on perd la vue. On ne peut pas localiser l'illocalité (*Its location/is illocality*).

9

Emily Dickinson a-t-elle jamais su lire une autre heure que la dernière ? Elle avoue (à Higginson) un mensonge sur le temps : « Je n'ai jamais su lire l'heure à l'horloge avant l'âge de quinze ans. Mon père pensait me l'avoir appris, mais je n'avais pas compris et j'avais peur de le dire et peur de demander à quelqu'un d'autre de peur qu'il ne l'apprenne. »

Plus tard, elle sait lire l'heure mais ne comprend toujours pas le temps. Elle continue de mentir sur le temps.

10

Il va de soi que Dickinson est un poète métaphysique. À la différence des autres métaphysiciens poètes — John Donne ou Hopkins, par exemple — qui, croyant savoir de quoi ils parlent, sont obscurs par excès, le sens bouché par un durcissement des artères dû au narcissisme (ou au savoir), Dickinson, qui manie des abstractions en sachant qu'elle ignore de quoi elle parle, est obscure par défaut, le sens se liquéfiant dans les veines de ses poèmes.

Car c'est toujours le sens qu'elle cherche. Ce qu'elle a en vain cherché dans la dissection, elle tente de le trouver dans l'abstraction. L'univers entier se réduit à une série d'abstractions, d'équations, de formules dont la plus parfaite est celle du Disque ou de la Circonférence.

Cela donne une grammaire sous la houlette de l'ellipse et de l'inversion. Par ellipse, elle élude toutes les scories du sens commun. Par inversion, elle fourre le temps dans l'éternité, avec autant de naturel que les pains dans son four à pain. En métaphysicienne, elle dit cette chose impensable pour un métaphysicien. Qu'il n'y a aucune différence entre Immanence et Transcendance.

Une chose sacrée — laisser tomber une vie
Dans le puits pourpre
Insondable — aucune chance qu'elle remonte
L'Éternité — Avant —

Fracture absolue entre la formulation *Until Eternity* et *Eternity Until*. L'inversion n'est pas une figure de style, mais la figure même du style (la signature) comme instrument de connaissance. C'est une chose grave, dit-elle, dans la première strophe de ce poème, que d'être une femme en blanc. Car la femme en blanc est volée deux fois. Une fois en disséquant jusqu'à l'invisible, une fois en rassemblant, en tentant de penser jusqu'à l'impensable. Dans les deux cas, elle finit par tourner en rond sur la circonférence. Reste à ponctuer les séquences.

11

Question métaphysique : Comment les rouges-gorges osent-ils chanter ?
Réponse SVP.

12

« Petite fille, j'avais un ami qui m'a enseigné l'Immortalité — mais s'y étant aventuré de trop près — il n'est jamais revenu. » Ponctuer les séquences, indiquer d'un trait les arrêts et les reprises du souffle, du rythme dont la fonction n'est pas de scander (bien ou mal) le vers — c'est là le reproche d'Higginson : « Vos vers sont boiteux » — mais d'indiquer, dans la traque du sens, aussi bien les chassés-croisés, les hésitations, les cases vides que les affûts, le guet, les tensions, les instants où le doigt est sur la gâchette, sur le qui-vive.

Les tirets d'Emily Dickinson sont des marqueurs de souffle. Ses majuscules des marqueurs de pouvoir qui indiquent le poids (le prix) qu'elle attribue aux mots (aux notions) — qu'elle pèse avec soin sur la balance des Signifiants.

13

Tirets et majuscules témoignent de l'ultime tentative d'Emily pour capturer le sens. Elle échoue en tentant de le réduire. Elle échoue en tentant de l'induire. Elle va très loin dans les deux opérations. Elle pousse l'une jusqu'à la salle de dissection, l'autre jusqu'à la chambre abstraite. Elle joue avec son scalpel jusqu'à ce qu'il se produise un accroc dans l'esprit (*I felt a cleaving in my mind*) et elle traite les abstractions (les concepts) comme si c'étaient des choses. Le Paradis est-il un arbre ? La circonférence, une arme de jet, un discobole, un bureau d'affaires, une surface sur laquelle on marche ? Faire les comptes. Aller jusqu'au bout des opérations. Le bilan : négatif. Il manque quelque chose. Précisément ce que l'on cherche.

La dernière tentative est graphique. La raison pure prise en défaut, Dickinson lui substitue la raison graphique. Il y a un accroc dans l'esprit, un blanc dans la douleur. Localiser l'accroc (le recoudre ?), indiquer la place du blanc. Quelque chose est pensé par la pensée. Quoi ? Quelle est la chose que la pensée a croisée sans comprendre qu'elle la croisait ?

Tous les poèmes, sous un certain angle, sont une illustration de la raison graphique comme refuge possible du sens.

14

Un accroc, un blanc, une case vide. Ce n'est ni un hasard, ni une nécessité. C'est fatal. Travaillant sur le sens, Dickinson travaille sur le paradoxe. Dans la chaîne des poèmes, la mort est la case vide : la place sans occupant. Par défaut, la chaise vide de la mort barre tous les poèmes d'un crêpe noir. Elle occupe toute la place et couvre la série d'un bout à l'autre.

Sous la barre (le crêpe) cependant, on s'agite. Il n'y a pas défaut, mais excès d'occupants. Les oiseaux, les abeilles, les voisins, les amis, Emily elle-même « petite comme le roitelet ». Le problème est qu'il y a dans la foule un occupant sans place.

Le sens réside dans la confrontation paradoxale, dans la superposition des deux séries. On ne peut trouver de place qu'en occupant la chaise vide. En changeant de série. Mais occuper la chaise vide, c'est résoudre l'énigme. C'est détruire l'instance paradoxale, détruire le sens. Occuper la chaise vide, c'est mourir.

Dickinson qui voit le monde, les livres, comme une place sans occupant — « Après avoir longtemps souffert des yeux, elle a lu Shakespeare et s'est demandée quel besoin on pouvait avoir d'autres livres » — occupe dans sa propre vie, sa propre vue, la place de l'occupant sans place. Me contredise qui pourra.

Patrick Reumaux

DU MÊME AUTEUR

Vingt poèmes
Lettres modernes/Minard, 1963

Poèmes
Belin, 1989

Vivre avant l'éveil
Arfuyen, 1989

Autoportrait au roitelet
Hatier, 1990

Lettre au monde
Limon, 1991

Escarmouches
La Différence, 1992

Le Temps n'a jamais guéri : 81 poèmes
Cazimi, 1994

Poèmes
Aubier, 1996

56 poèmes
Nouveau commerce, 1996

Les Lettres au maître
Cazimi, 1997

Une âme en incandescence
Cahier de poèmes : 1861-1863
Corti, 1998

Lettre au maître, à l'ami, au précepteur, à l'amant
Corti, 1999

Quatrains et autres poèmes brefs
Poésie/Gallimard, 2000

Avec Amour, Emily : lettres aux amis intimes
Corti, 2001

Quarante-sept poèmes
La Dogana, 2003

Car l'adieu c'est la nuit
Poésie/Gallimard, 2007

RÉALISATION : IGS-CP À L'ISLE-D'ESPAGNAC (16)
IMPRESSION : NORMANDIE ROTO S.A.S. À LONRAI
DÉPÔT LÉGAL : OCTOBRE 2007. N° 96277 (072699)
IMPRIMÉ EN FRANCE

Collection Points Poésie

P1446. Œuvre poétique, *Léopold Sédar Senghor*
P1447. Cadastre, *suivi de* Moi, laminaire…, *Aimé Césaire*
P1448. La Terre vaine et autres poèmes, *Thomas Stearns Eliot*
P1449. Le Reste du voyage et autres poèmes, *Bernard Noël*
P1450. Haïkus, *anthologie*
P1466. Élégies de Duino *suivi de* Sonnets à Orphée
Rainer Maria Rilke
P1467. Rilke, *Philippe Jaccottet*
P1502. Mexico City Blues, *Jack Kerouac*
P1503. Poésie verticale, *Roberto Juarroz*
P1572. Renverse du souffle, *Paul Celan*
P1573. Pour un tombeau d'Anatole, *Stéphane Mallarmé*
P1574. 95 poèmes, *E. E. Cummings*
P1615. Clair-obscur, *Jean Cocteau*
P1651. Poèmes païens de Alberto Caeiro et Ricardo Reis
Fernando Pessoa
P1652. La Rose de personne, *Paul Celan*
P1653. Caisse claire, poèmes 1990-1997, *Antoine Emaz*
P1664. Le Dehors et le dedans, *Nicolas Bouvier*
P1665. Partition rouge
poèmes et chants des indiens d'Amérique du Nord
Jacques Roubaud, Florence Delay
P1709. Les Pierres du temps et autres poèmes, *Tahar Ben Jelloun*
P1710. René Char, *Éric Marty*
P1773. Asphodèle suivi de Tableaux d'après Bruegel
William Carlos Williams
P1774. Poésie espagnole 1945-1990 (anthologie)
Claude de Frayssinet
P1791. Le Naufrage du Deutschland, *Gerard Manley Hopkins*
P1792. Lieu-dit d'éternité, poèmes choisis, *Emily Dickinson*

Collection Points

DERNIERS TITRES PARUS

P1562. La Morsure du dragon, *Jean-François Susbielle*
P1563. Rituels sanglants, *Craig Russell*
P1564. Les Écorchés, *Peter Moore Smith*
P1565. Le Crépuscule des géants. Les Enfants de l'Atlantide III
Bernard Simonay
P1566. Aara. Aradia I, *Tanith Lee*
P1567. Les Guerres de fer. Les Monarchies divines III
Paul Kearney
P1568. La Rose pourpre et le Lys, tome 1, *Michel Faber*
P1569. La Rose pourpre et le Lys, tome 2, *Michel Faber*
P1570. Sarnia, *G.B. Edwards*
P1571. Saint-Cyr/La Maison d'Esther, *Yves Dangerfield*
P1572. Renverse du souffle, *Paul Celan*
P1573. Pour un tombeau d'Anatole, *Stéphane Mallarmé*
P1574. 95 poèmes, *E.E. Cummings*
P1575. Le Dico des mots croisés.
8 000 définitions pour devenir imbattable, *Michel Laclos*
P1576. Les deux font la paire.
Les couples célèbres dans la langue française
Patrice Louis
P1577. C'est la cata. Petit manuel du français maltraité
Pierre Bénard
P1578. L'Avortement, *Richard Brautigan*
P1579. Les Braban, *Patrick Besson*
P1580. Le Sac à main, *Marie Desplechin*
P1581. Nouvelles du monde entier, *Vincent Ravalec*
P1582. Le Sens de l'arnaque, *James Swain*
P1583. L'Automne à Cuba, *Leonardo Padura*
P1584. Le Glaive et la Flamme. La Saga du Roi Dragon III
Stephen Lawhead
P1585. La Belle Arcane. La Malerune III
Michel Robert et Pierre Grimbert
P1586. Femme en costume de bataille, *Antonio Benitez-Rojo*
P1587. Le Cavalier de l'Olympe. Le Châtiment des Dieux II
François Rachline
P1588. Le Pas de l'ourse, *Douglas Glover*
P1589. Lignes de fond, *Neil Jordan*
P1590. Monsieur Butterfly, *Howard Buten*
P1591. Parfois je ris tout seul, *Jean-Paul Dubois*
P1592. Sang impur, *Hugo Hamilton*
P1593. Le Musée de la sirène, *Cypora Petitjean-Cerf*

P1594. Histoire de la gauche caviar, *Laurent Joffrin*
P1595. Les Enfants de chœur (Little Children), *Tom Perrotta*
P1596. Les Femmes politiques, *Laure Adler*
P1597. La Preuve par le sang, *Jonathan Kellerman*
P1598. La Femme en vert, *Arnaldur Indridason*
P1599. Le Che s'est suicidé, *Petros Markaris*
P1600. Les Nouvelles Enquêtes du juge Ti, vol. 3
Le Palais des courtisanes, *Frédéric Lenormand*
P1601. Trahie, *Karin Alvtegen*
P1602. Les Requins de Trieste, *Veit Heinichen*
P1603. Pour adultes seulement, *Philip Le Roy*
P1604. Offre publique d'assassinat, *Stephen W. Frey*
P1605. L'Heure du châtiment, *Eileen Dreyer*
P1606. Aden, *Anne-Marie Garat*
P1607. Histoire secrète du Mossad, *Gordon Thomas*
P1608. La Guerre du paradis. Le Chant d'Albion I
Stephen Lawhead
P1609. La Terre des Morts. Les Enfants de l'Atlantide IV
Bernard Simonay
P1610. Thenser. Aradia II, *Tanith Lee*
P1611. Le Petit Livre des gros câlins, *Kathleen Keating*
P1612. Un soir de décembre, *Delphine de Vigan*
P1613. L'Amour foudre, *Henri Gougaud*
P1614. Chaque jour est un adieu
suivi de Un jeune homme est passé
Alain Rémond
P1615. Clair-obscur, *Jean Cocteau*
P1616. Chihuahua, zébu et Cie.
L'étonnante histoire des noms d'animaux
Henriette Walter et Pierre Avenas
P1617. Les Chaussettes de l'archiduchesse et autres défis
de la prononciation
Julos Beaucarne et Pierre Jaskarzec
P1618. My rendez-vous with a femme fatale.
Les mots français dans les langues étrangères
Franck Resplandy
P1619. Seulement l'amour, *Philippe Ségur*
P1620. La Jeune Fille et la Mère, *Leïla Marouane*
P1621. L'Increvable Monsieur Schneck, *Colombe Schneck*
P1622. Les Douze Abbés de Challant, *Laura Mancinelli*
P1623. Un monde vacillant, *Cynthia Ozick*
P1624. Les Jouets vivants, *Jean-Yves Cendrey*
P1625. Le Livre noir de la condition des femmes
Christine Ockrent (dir.)
P1626. Comme deux frères, *Jean-François Kahn et Axel Kahn*
P1627. Equador, *Miguel Sousa Tavares*

P1628. Du côté où se lève le soleil, *Anne-Sophie Jacouty*
P1629. L'Affaire Hamilton, *Michelle De Kretser*
P1630. Une passion indienne, *Javier Moro*
P1631. La Cité des amants perdus, *Nadeem Aslam*
P1632. Rumeurs de haine, *Taslima Nasreen*
P1633. Le Chromosome de Calcutta, *Amitav Ghosh*
P1634. Show business, *Shashi Tharoor*
P1635. La Fille de l'arnaqueur, *Ed Dee*
P1636. En plein vol, *Jan Burke*
P1637. Retour à la Grande Ombre, *Hakan Nesser*
P1638. Wren. Les Descendants de Merlin I, *Irene Radford*
P1639. Petit manuel de savoir-vivre à l'usage des enseignants
Boris Seguin, Frédéric Teillard
P1640. Les Voleurs d'écritures *suivi de* Les Tireurs d'étoiles
Azouz Begag
P1641. L'Empreinte des dieux. Le Cycle de Mithra I
Rachel Tanner
P1642. Enchantement, *Orson Scott Card*
P1643. Les Fantômes d'Ombria, *Patricia A. McKillip*
P1644. La Main d'argent. Le Chant d'Albion II
Stephen Lawhead
P1645. La Quête de Nifft-le-mince, *Michael Shea*
P1646. La Forêt d'Iscambe, *Christian Charrière*
P1647. La Mort du Nécromant, *Martha Wells*
P1648. Si la gauche savait, *Michel Rocard*
P1649. Misère de la Ve République, *Bastien François*
P1650. Photographies de personnalités politiques
Raymond Depardon
P1651. Poèmes païens de Alberto Caeiro et Ricardo Reis
Fernando Pessoa
P1652. La Rose de personne, *Paul Celan*
P1653. Caisse claire, poèmes 1990-1997, *Antoine Emaz*
P1654. La Bibliothèque du géographe, *Jon Fasman*
P1655. Parloir, *Christian Giudicelli*
P1656. Poils de Cairote, *Paul Fournel*
P1657. Palimpseste, *Gore Vidal*
P1658. L'Épouse hollandaise, *Eric McCormack*
P1659. Ménage à quatre, *Manuel Vázquez Montalbán*
P1660. Milenio, *Manuel Vázquez Montalbán*
P1661. Le Meilleur de nos fils, *Donna Leon*
P1662. Adios Hemingway, *Leonardo Padura*
P1663. L'avenir c'est du passé, *Lucas Fournier*
P1664. Le Dehors et le Dedans, *Nicolas Bouvier*
P1665. Partition rouge.
Poèmes et chants des indiens d'Amérique du Nord
Jacques Roubaud, Florence Delay

P1666. Un désir fou de danser, *Elie Wiesel*
P1667. Lenz, *Georg Büchner*
P1668. Resmiranda. Les Descendants de Merlin II
Irene Radford
P1669. Le Glaive de Mithra. Le Cycle de Mithra II
Rachel Tanner
P1670. Phénix vert. Trilogie du Latium I, *Thomas B. Swann*
P1671. Essences et parfums, *Anny Duperey*
P1672. Naissances, *Collectif*
P1673. L'Évangile une parole invincible, *Guy Gilbert*
P1674. L'Époux divin, *Francisco Goldman*
P1675. La Comtesse de Pimbêche
et autres étymologies curieuses
Pierre Larousse
P1676. Les Mots qui me font rire
et autres cocasseries de la langue française
Jean-Loup Chiflet
P1677. Les carottes sont jetées.
Quand les expressions perdent la boule, *Olivier Marchon*
P1678. Le Retour du professeur de danse, *Henning Mankell*
P1679. Romanzo Criminale, *Giancarlo de Cataldo*
P1680. Ciel de sang, *Steve Hamilton*
P1681. Ultime Témoin, *Jilliane Hoffman*
P1682. Los Angeles, *Peter Moore Smith*
P1683. Encore une journée pourrie
ou 365 bonnes raisons de rester couché, *Pierre Enckell*
P1684. Chroniques de la haine ordinaire 2, *Pierre Desproges*
P1685. Desproges, portrait, *Marie-Ange Guillaume*
P1686. Les Amuse-Bush, *Collectif*
P1687. Mon valet et moi, *Hervé Guibert*
P1688. T'es pas mort !, *Antonio Skármeta*
P1689. En la forêt de Longue Attente.
Le roman de Charles d'Orléans, *Hella S. Haasse*
P1690. La Défense Lincoln, *Michael Connelly*
P1691. Flic à Bangkok, *Patrick Delachaux*
P1692. L'Empreinte du renard, *Moussa Konaté*
P1693. Les fleurs meurent aussi, *Lawrence Block*
P1694. L'Ultime Sacrilège, *Jérôme Bellay*
P1695. Engrenages, *Christopher Wakling*
P1696. La Sœur de Mozart, *Rita Charbonnier*
P1697. La Science du baiser, *Patrick Besson*
P1698. La Domination du monde, *Denis Robert*
P1699. Minnie, une affaire classée, *Hans Werner Kettenbach*
P1700. Dans l'ombre du Condor, *Jean-Paul Delfino*
P1701. Le Nœud sans fin. Le Chant d'Albion III
Stephen Lawhead

P1702. Le Feu primordial, *Martha Wells*
P1703. Le Très Corruptible Mandarin, *Qiu Xiaolong*
P1704. Dexter revient !, *Jeff Lindsay*
P1705. Vous plaisantez, monsieur Tanner, *Jean-Paul Dubois*
P1706. À Garonne, *Philippe Delerm*
P1707. Pieux mensonges, *Maile Meloy*
P1708. Chercher le vent, *Guillaume Vigneault*
P1709. Les Pierres du temps et autres poèmes, *Tahar Ben Jelloun*
P1710. René Char, *Éric Marty*
P1711. Les Dépossédés, *Robert McLiam Wilson et Donovan Wylie*
P1712. Bob Dylan à la croisée des chemins. Like a Rolling Stone
Greil Marcus
P1713. Comme une chanson dans la nuit
suivi de Je marche au bras du temps, *Alain Rémond*
P1714. Où les borgnes sont rois, *Jess Walter*
P1715. Un homme dans la poche, *Aurélie Filippetti*
P1716. Prenez soin du chien, *J.M. Erre*
P1717. La Photo, *Marie Desplechin*
P1718. À ta place, *Karine Reysset*
P1719. Je pense à toi tous les jours, *Hélèna Villovitch*
P1720. Si petites devant ta face, *Anne Brochet*
P1721. Ils s'en allaient faire des enfants ailleurs
Marie-Ange Guillaume
P1722. Le Jugement de Léa, *Laurence Tardieu*
P1723. Tibet or not Tibet, *Péma Dordjé*
P1724. La Malédiction des ancêtres, *Kirk Mitchell*
P1725. Le Tableau de l'apothicaire, *Adrian Mathews*
P1726. Out, *Natsuo Kirino*
P1727. La Faille de Kaïber. Le Cycle des Ombres I
Mathieu Gaborit
P1728. Griffin. Les Descendants de Merlin III, *Irene Radford*
P1729. Le Peuple de la mer. Le Cycle du Latium II
Thomas B. Swann
P1730. Sexe, mensonges et Hollywood, *Peter Biskind*
P1731. Qu'avez-vous fait de la révolution sexuelle ?
Marcela Iacub
P1732. Persée, prince de la lumière. Le Châtiment des dieux III
François Rachline
P1733. Bleu de Sèvres, *Jean-Paul Desprat*
P1734. Julius et Isaac, *Patrick Besson*
P1735. Une petite légende dorée, *Adrien Goetz*
P1736. Le Silence de Loreleï, *Carolyn Parkhurst*
P1737. Déposition, *Leon Werth*
P1738. La Vie comme à Lausanne, *Erik Orsenna*
P1739. L'Amour, toujours !, *Abbé Pierre*
P1740. Henri ou Henry, *Didier Decoin*

P1741. Mangez-moi, *Agnès Desarthe*
P1742. Mémoires de porc-épic, *Alain Mabanckou*
P1743. Charles, *Jean-Michel Béquié*
P1744. Air conditionné, *Marc Vilrouge*
P1745. L'Homme qui apprenait lentement, *Thomas Pynchon*
P1746. Extrêmement fort et incroyablement près
Jonathan Safran Foer
P1747. La Vie rêvée de Sukhanov, *Olga Grushin*
P1748. Le Retour du Hooligan, *Norman Manea*
P1749. L'Apartheid scolaire, *G. Fellouzis & Cie*
P1750. La Montagne de l'âme, *Gao Xingjian*
P1751. Les Grands Mots du professeur Rollin
Panacée, ribouldingue et autres mots à sauver
Le Professeur Rollin
P1752. Dans les bras de Morphée
Histoire des expressions nées de la mythologie
Isabelle Korda
P1753. Parlez-vous la langue de bois ?
Petit traité de manipulation à l'usage des innocents
Martine Chosson
P1754. Je te retrouverai, *John Irving*
P1755. L'Amant en culottes courtes, *Alain Fleischer*
P1756. Billy the Kid, *Michael Ondaatje*
P1757. Le Fou de Printzberg, *Stéphane Héaume*
P1758. La Paresseuse, *Patrick Besson*
P1759. Bleu blanc vert, *Maïssa Bey*
P1760. L'Été du sureau, *Marie Chaix*
P1761. Chroniques du crime, *Michael Connelly*
P1762. Le croque-mort enfonce le clou, *Tim Cockey*
P1763. La Ligne de flottaison, *Jean Hatzfeld*
P1764. Le Mas des alouettes, Il était une fois en Arménie
Antonia Arslan
P1765. L'Œuvre des mers, *Eugène Nicole*
P1766. Les Cendres de la colère. Le Cycle des Ombres II
Mathieu Gaborit
P1767. La Dame des abeilles. Le Cycle du latium III
Thomas B. Swann
P1768. L'Ennemi intime, *Patrick Rotman*
P1769. Nos enfants nous haïront
Denis Jeambar & Jacqueline Remy
P1770. Ma guerre contre la guerre au terrorisme
Terry Jones
P1771. Quand Al-Quaïda parle, *Farhad Khosrokhavar*
P1772. Les Armes secrètes de la C.I.A., *Gordon Thomas*
P1773. Asphodèle, *suivi de* Tableaux d'après Bruegel
William Carlos Williams

P1774. Poésie espagnole 1945-1990 (anthologie)
Claude de Frayssinet
P1775. Mensonges sur le divan, *Irvin D. Yalom*
P1776. Le Cycle de Deverry. Le Sortilège de la dague I
Katharine Kerr
P1777. La Tour de guet suivi des Danseurs d'Arun.
Les Chroniques de Tornor I, *Elisabeth Lynn*
P1778. La Fille du Nord, Les Chroniques de Tornor II
Elisabeth Lynn
P1779. L'Amour humain, *Andreï Makine*
P1780. Viol, une histoire d'amour, *Joyce Carol Oates*
P1781. La Vengeance de David, *Hans Werner Kettenbach*
P1782. Le Club des conspirateurs, *Jonathan Kellerman*
P1783. Sanglants trophées, *C.J. Box*
P1784. Une ordure, *Irvine Welsh*
P1785. Owen Noone et Marauder, *Douglas Cowie*
P1786. L'Autre Vie de Brian, *Graham Parker*
P1787. Triksta, *Nick Cohn*
P1788. Une histoire politique du journalisme
Géraldine Muhlmann
P1789. Les Faiseurs de pluie.
L'histoire et l'impact futur du changement climatique
Tim Flannery
P1790. La Plus Belle Histoire de l'amour, *Dominique Simonnet*
P1791. Poèmes et proses, *Gerard Manley Hopkins*
P1792. Lieu-dit l'éternité, poèmes choisis, *Emily Dickinson*
P1793. La Couleur bleue, *Jörg Kastner*
P1794. Le Secret de l'imam bleu, *Bernard Besson*
P1795. Tant que les arbres s'enracineront
dans la terre et autres poèmes, *Alain Mabanckou*
P1796. Cité de Dieu, *E.L. Doctorow*
P1797. Le Script, *Rick Moody*
P1798. Raga, approche du continent invisible, *J.M.G. Le Clézio*
P1799. Katerina, *Aharon Appefeld*
P1800. Une opérette à Ravensbrück, *Germaine Tillion*
P1801. Une presse sans Gutenberg,
Pourquoi Internet a révolutionné le journalisme
Bruno Patino et Jean-François Fogel
P1802. Arabesques. L'aventure de la langue en Occident
Henriette Walter et Bassam Baraké
P1803. L'Art de la ponctuation. Le point, la virgule
et autres signes fort utiles
Olivier Houdart et Sylvie Prioul
P1804. À mots découverts. Chroniques au fil de l'actualité
Alain Rey
P1805. L'Amante du pharaon, *Naguib Mahfouz*